STEFAN MAIWALD

WIR SIND PAPA!

Was Väter wirklich wissen müssen

KEINE PANIK!

Nein, dies ist kein »Wie-werde-ich-der-perfekte-Papa«-Ratgeber.
Hier wird Ihnen zwar auch erklärt, wie Sie Windeln zu wechseln haben oder Blähungen loswerden (nicht Ihre, sondern die Ihres Babys), aber: Dieses Buch soll mehr sein als nur ein Ratgeber. Es soll vielmehr Ihr bester Freund sein. Den werden Sie – ehrlich gesagt – wirklich brauchen. Denn die Zeiten als Erstvater (klingt seriöser als »frisch gebackener Papa«) sind so schön wie schwierig. Dachten Sie bisher, der letzte Halbmarathon, die Neuprogrammierung Ihres Telefons oder der Zusammenbau des Gartenhäuschens sei das Härteste gewesen, was Sie je vollbracht haben – dann glauben Sie mir: Vaterschaft wird um einiges härter. Ihr neuer Schmuck sind Augenringe, denn oft schlagen Sie sich die Nacht um die Ohren. Um gegen Vormittag erschöpft im Büro den Kopf auf die Tastatur Ihres Computers fallen zu lassen und damit 10 000-mal die Buchstaben t, z, u i, h und j zu tippen.

Adieu, altes Leben …,

Ja, es ist so: Sie werden zu einer Art Zombie werden – tapsig und unruhig schwanken Sie über die Erde, gezeichnet von Schlafentzug, unrasiert und hohläugig. Und meistens ziemlich zerknittert, was Haut und Hemd angeht. Sie werden sich in Ihr Büro und zu Ihren Männerabenden zurücksehnen, in Ihr geregeltes Leben vor der Vaterschaft. Aber das Vatersein bietet auch unvergleichliche Glücksmomente. Das erste Lächeln, die ersten Schritte, die ersten Worte Ihres Kleinen: Erst dann werden Sie wissen, was Ihnen in Ihrem Leben gefehlt hat. Und all die Mühen, Kosten, Kümmernisse treten in diesen seligen Augenblicken in den Hintergrund, scheinen geradezu nie da gewesen, verpuffen rückstandslos. Doch der Weg zum Glück ist nicht leicht, natürlich nicht. Daher ist es in jedem Fall gut, jemanden an seiner Seite zu haben. Dieser Jemand soll dieses Buch sein. Ich habe zwei kleine Töchter namens Elisabetta und Beatrice, die praktischerweise über völlig unterschiedliche Aussehen, Charaktere und Krankheitspräferenzen verfügen, so dass ich mir gewissermaßen doppeltes Fachwissen zugestehen kann. Eine ist blond, die andere hat so schwarze Haare, dass sie fast blau schimmern. Die Blondine ist eine Streberin, die Dunkle wurde nach vier Tagen in der ersten Klasse schon aus dem Klassenzimmer verwiesen – und das im Religionsunterricht.

Noch eine kleine Besonderheit: Ich lebe in Italien. Ab und zu tauchen daher ein paar spezifisch italienische Elemente auf, aber in Sachen Familienmanagement kann man von Italienern eine Menge lernen. Und das Vatersein ist sowieso überall gleich.

... willkommen in Level 2!

Dieses Buch richtet sich an Sie in Ihrer (neuen) spannenden Rolle als Vater und immer erwachsener werdenden Mann. Dazu müssen Sie weder die beste Stillhaltung kennen und auch nicht wissen, wie die Muttermilch in die Drüsen kommt. Aber die folgenden Fragen sollten Sie hier beantwortet bekommen: Wie können Sie Ihre Frau vor, bei und nach der Geburt Ihres Babys unterstützen und entlasten? Wie können Sie, trotz Zombie-Modus, Ihre Beziehung lebendig halten? Wie kümmern Sie sich am besten um Ihr Baby, ohne dass einer von Ihnen beiden durchdreht? Wie wird aus der Vaterschaft ein (zwar anstrengendes, ja aufreibendes aber doch:) cooles Abenteuer?

Vertrauen Sie mir:

Wenn ich es geschafft habe, dann schaffen Sie es auch.

Alles Gute (und halten Sie die Ohren steif!)

Stefan Maiwald

INHALT

INHALT

DIE GU-QUALITÄTSGARANTIE

Wir sind schwanger

DIE WUNDERSAME VERMEHRUNG

Sie sind ab dem Moment der Empfängnis zu dritt (oder wenn das Schicksal die spannendere Variante gewählt hat: zu viert). Das bedeutet: Gegen Ihre Frau sind Sie in der Minderheit, denn sie ist ja zwei (mindestens). Und das ist auch gut so. Also müssen Sie kooperativ sein und sich unterordnen, das hat Ihre Frau verdient. Denn ganz ehrlich: Sie macht den Hauptjob momentan. Sie werden Vater, gut, aber sie mussten dafür nicht allzu viel tun. Ihre Partnerin dagegen – für die beginnt der Stress praktisch in jenem Augenblick, in dem Sie den Spaß hatten und zum tiefen Schlaf auf die Seite rollten.

Seien Sie der Fels in der Brandung!

Manche Frauen verkraften ihre Schwangerschaft fantastisch, andere pendeln ein bis drei bis mehrere Monate zwischen Bett und Sofa, und zwar auf allen vieren. Weder die Gene noch der Lebensstil beeinflussen das wenig erheiternde Thema »Schwangerschaftsübelkeit«, und die Wissenschaft kann nicht befriedigend erklären, warum für manche Frauen eine Schwangerschaft so problemlos verläuft wie ein Osterspaziergang, für andere aber ein infernalisches Gebräu aus Magenkrämpfen, Kopfweh und noch mehr Magenkrämpfen darstellt. Sie können nur hoffen. Und – auch wenn Sie es lange nicht mehr getan haben –: beten. Ihre Einflussmöglichkeiten sind äußerst begrenzt. Sie können nur für eine rundum gute Stimmung sorgen. Fangen Sie also ja nicht damit an, in den kommenden neun Monaten von Geldsorgen oder Schwierigkeiten im Job zu berichten. Sie sind spätestens jetzt als souveräner Entertainer und Macher gefragt. Als einer, auf dessen breiten Schultern alles bequem Platz hat, was da nun auf Ihre Kleinfamilie zukommen mag. Eventuell aufsteigende Panikattacken können Sie auf der Toilette Ihres Büros ausleben.

Ich hatte bei meiner Frau Glück. Ihr ging es gut, bis auf eine Autobahnfahrt zwischen Salzburg und München, bei der wir, natürlich auf dem Abschnitt ohne Standstreifen und Parkbuchten, eine LKW-Kolonne zur Vollbremsung zwangen, weil ihr plötzlich schlecht geworden war (meiner Frau, nicht der LKW-Kolonne). Gerade Autofahrten können heikel sein, seien Sie also gewarnt und stellen Sie sich darauf ein. Machen Sie es nicht so wie ich, der die Zentralverriegelung für den Beifahrersitz nicht rechtzeitig aufbekam …

Latte-macchiato-Verbot

Auch konnte meine Frau den Geruch von Kaffee nicht ertragen, obwohl sie unschwanger eine leidenschaftliche Kaffeetrinkerin war und jetzt auch wieder ist. Nehmen Sie darauf Rücksicht und legen Sie sich zu diesem Zweck ein Arsenal von Teesorten an, die auf ihrem Etikett Milde, Koffein- und Teeinabsenz versprechen.
Und überhaupt ist jetzt die Zeit, sich wie ein vollkommener Gentleman zu verhalten. Gut, eigentlich sollte man sich immer wie ein Gentleman verhalten. Aber diesmal nehmen Sie es sich nicht nur vor, sondern machen Sie es auch. Lesen Sie ihr jeden Wunsch von den Augen ab. Ihre Partnerin hat es schwer, Sie sind (noch) fein raus. Daher dürfen Sie dem Himmel danken und Ihre Energie ganz auf ein Verwöhnprogramm der werdenden Mutter verschwenden.
Ich weiß nicht, ob ich der beste Ehemann von allen bin. Klar, ich gebe mir Mühe, aber manchmal wird es mir auch zu viel. Doch eines weiß ich, und der folgende Satz ist der wichtigste im ganzen Buch:

Behandeln Sie Ihre Frau nicht wie die Mutter Ihres Kindes, sondern wie eine Frau.

Und das geht schon in der Schwangerschaft los. Schenken Sie ihr nichts Praktisches, sondern Schmuck und/oder ein Wellness-Wochenende. Kaufen Sie die Sachen ein, die sie mag oder kochen Sie ihr das, auf was sie Lust hat – und wenn es Schokoladenpudding mit eingelegten Sardinen ist. Schenken Sie ihr bloß nichts fürs Baby. Natürlich müssen Sie da auch eine Menge einkaufen, um vorbereitet zu sein (siehe ab Seite 23), aber verpacken Sie es nicht gönnerhaft als Präsent für Ihre Liebste. Sachen fürs Baby sind eben Sachen fürs Baby und stehen auf einem anderen Blatt.

Ein Blumenstrauß ohne besonderen Anlass, unter der Woche und unvermutet, ist seit jeher das beste Geschenk von allen. Es sei denn, Ihre Frau vermutet, dass Sie sich für etwas zu entschuldigen haben. Sie haben sich doch für nichts zu entschuldigen, oder? Oder?

Das sagt die Wissenschaft

HILFE, ICH BIN AUCH SCHWANGER!

Auch wenn ein Mann kein Baby auf die Welt bringen kann, »schwanger« sein kann er auf jeden Fall. Die Wissenschaft weiß, dass nicht wenige werdende Papas typische Schwangerschaftssymptome entwickeln. Was verrückt klingt: **Ist die Partnerin schwanger, legt so mancher zukünftige Vater ordentlich zu** – vor allem am Bauch. Dabei haben Studien gezeigt, dass Männer – auch ohne den übermäßigen Genuss von Bier, Chips, Pizza oder Schweinebraten – im Verlauf der Schwangerschaft ihrer Partnerin etwa vier »Schwangerschafts-Kilos« zunehmen. Zudem entwickelt jeder vierte bis fünfte werdende Vater Beschwerden wie morgendliche Übelkeit, Kopfschmerzen, Sodbrennen und Verstopfung. **Alles nur Einbildung oder eine Variante des berüchtigten männlichen Todesschnupfens?** Nein! Für das Phänomen des »schwangeren Mannes« gibt es nicht nur wissenschaftliche Untermauerungen, sondern sogar einen Namen: Couvade-Syndrom (aus dem Französischen »couver«: brüten).

Warum viele Männer unter ihrem Brüten leiden, lässt sich hormonell erklären: Auslöser für Morgenübelkeit, Kopfschmerzen und Himmelhoch-jauchzend-zu-Tode-betrübt-Phasen sind Sexuallockstoffe, so genannte Pheromone, die die Partnerin verströmt. Sie bewirken, dass im männlichen Blut der Spiegel des Hormons Prolaktin, das bei der Frau für die Milchbildung zuständig ist, und der Spiegel des Stresshormons ansteigen und es so zu hormonellen Schwankungen kommt.

Diese **Hormonverschiebungen haben durchaus etwas Positives: Sie fördern das »Brutpflegeverhalten« des Mannes,** veranlassen ihn also, sich mit der Ausstattung von Kinderwägen zu beschäftigen statt mit den verschiedenen Optionspaketen beim Geschäftswagen, um so später eine innige Beziehung zu seinem Kind zu entwickeln.

BEIM **BABYFERNSEHEN**

Sie werden Ihr Kind sehen, lange bevor es auf die Welt kommt und das sogar öfter: Die Vorsorgemedizin macht das möglich. Bei den Ultraschalluntersuchungen Ihrer Frau dürfen Sie Ihr gemeinsames Schöpfungswerk schon einmal vorab bewundern. Beim ersten Termin, zwischen Schwangerschaftswoche 9 und 12 (= Ende des 1. Schwangerschaftstrimenon), werden Sie wahrscheinlich nicht viel erkennen, egal, wie genau Sie hinschauen. Aber dafür gibt es ja den Arzt, der mit einem Bleistift auf dem Ausdruck zeigt, wo oben und unten ist.

Es sind übrigens Arzttermine, vor denen sich zu drücken ausgesprochen unmännlich ist. Keine berufliche Verpflichtung kann wichtiger sein als der erste gemeinsame Blick aufs Baby. Oder auf das, was mal ein Baby wird und jetzt noch eher amorph aussieht, so sehr Sie sich auch Mühe beim Erkennen geben.

Das Wesen vom anderen Stern

Für mich war es einerseits völlig faszinierend, auf dem Monitor etwas Kleines, sich Bewegendes zu sehen und später sogar den Herzschlag hören zu können, was einen ordentlichen Euphorieschub gab. Andererseits hat man als Vater doch eine gewisse Distanz – noch ist der Nachwuchs eben nur ein Schwarzweißbild, und ein ziemlich abstraktes dazu. Mittlerweile gibt es die aber auch in dreidimensional, das erleichtert die Betrachtung ungemein. So recht fassen konnte ich es jedenfalls noch nicht. Unser erstes Ultraschallbild aber war ein voller Erfolg in der Verwandtschaft und kreiste in den nächsten Wochen bei den gemeinsamen Abendessen regelmäßig um den Tisch. Erste Verwandte meldeten sich und glaubten allen Ernstes, typische Gesichtszüge von mir oder meiner Frau ausgemacht zu haben. Falls Sie nicht wie ich die gesamte Verwandtschaft praktisch täglich daheim zu Gast haben, ist ein Ultraschallbild auch gut dazu geeignet, der Welt mitzuteilen, dass Sie Nachwuchs erwarten – schicken Sie es per Brief mit einer kurzen Notiz an Onkels, Großtanten und Freunde. Oder verbreiten Sie es via SMS und Twitter oder meinetwegen auch auf Facebook. Wenn Sie dort ohnehin jeden Quatsch posten, dann darf es ja auch mal was wirklich Wichtiges sein.

Was bist *du* denn?

Die Frage, ob es ein Junge oder ein Mädchen wird, kann die erste Ultraschalluntersuchung meist noch nicht beantworten; erst ab der zwölften Woche können Ärzte das Geschlecht des Kleinen erahnen. Denn zunächst sehen alle Embryos gleich aus, sogar zwischen den Beinen – dort befindet sich eine Art Knospe, die man Protuberanz nennt, wenn Sie mit diesem Fachbegriff den Frauenarzt beeindrucken wollen. Aus dieser Knospe entwickeln sich etwa ab der achten oder neunten Woche die Geschlechtsorgane. Aber selbst erfahrene Gynäkologen irren gern: Eine Untersuchung zeigt, dass selbst Sonografieexperten in Schwangerschaftswoche 12 nur 46 Prozent aller Jungen und Mädchen richtig bestimmen. In Woche 13 steigt die Trefferquote auf 80 Prozent. Bevor Sie das Kinderzimmer in den entsprechenden Farbnuancen streichen, warten Sie deshalb lieber auf die zweite Ultraschalluntersuchung, die etwa in Schwangerschaftswoche 20 ansteht.

Oder Sie haben eine esoterisch bzw. etwas abergläubisch veranlagte Schwiegermutter oder Tante. Dann ist es natürlich die Form des Babybauchs, der über das Geschlecht entscheidet. Ein Kind, das etwas tiefer liegt, wird ein Junge; ist der Bauch eher oben gewölbt, ist es ein Mädchen. In grauer Vorzeit glaubte man außerdem noch, Jungen würden auf der rechten Eierstockseite empfangen, Mädchen auf der linken. Dieser zweifelsohne hochinteressante Glaube widersteht bis heute jedem wissenschaftlichen Gegenbeweis.

Auch andere Vorhersagen über das Geschlecht des Kindes sind etwa so verlässlich wie Bleigießen zu Silvester.

Es wird ein Junge, wenn die Schwangerschaft ohne Schwangerschaftsübelkeit verläuft. Wenn die rechte Brust der werdenden Mutter stärker anschwillt als die linke. Die Haut trockener wird. Oder sich die Pupillen der Schwangeren weiten, wenn sie sich mindestens eine Minute lang im Spiegel betrachtet. Noch abstruser ist der Ehering-Trick: An einem Faden aufgehängt, dreht er sich vor dem Bauch der Schwangeren, wenn dort ein kleiner Junge heranwächst. Bei einem Mädchen pendelt er. Solche Albernheiten kommen in Ihrer Familie nicht vor? Warten Sie es ab, Sie werden überrascht sein. Denn immerhin treffen ja all diese Voraussagen mit 50-prozentiger Wahrscheinlichkeit ein. Daher wird immer irgendjemand ausrufen »Habe ichs doch gewusst!« oder daran erinnern, dass man bei der Schwippschwägerin mit dem erratenen Geschlecht genau richtig lag.

Die Neugier war stärker...

Meine Frau und ich wussten nicht genau, ob wir das Geschlecht unseres Babys vorher erfahren wollten. Also malte der Frauenarzt etwas auf einen Zettel, faltete ihn und gab ihn uns mit. Auf der Heimfahrt konnten wir unsere Neugier noch gerade so zügeln. Daheim hielten wir es natürlich keine zwei Minuten aus und entfalteten ihn. Laura (meine Frau) durfte zuerst schauen, dann ich. Auf den Zettel hatte der Arzt das Venussymbol gemalt, jenen Kreis mit dem Kreuz unten. Das war für mich das erste Mal, dass ich mich wirklich als werdender Vater fühlte. Wir Männer brauchen wahrscheinlich einfach eine konkrete Ansage.

Info

ALLE VORSORGETERMINE AUF EINEN BLICK

»Schwangerschaft ist keine Krankheit« – so steht es vorne im Mutterpass, dem blauen Heftchen, das jede Frau beim ersten Vorsorgetermin bekommt. Er ist – neben Ihnen – der wichtigste Begleiter Ihrer Partnerin bis zur Geburt und sollte in jeder (!) Handtasche mitgeführt werden.

SSW:	Termin:
5. SSW	Schwangerschaftstest positiv
8. SSW	**1. Vorsorgeuntersuchung** (Mutterpass wird überreicht) › Jetzt wird die aktuelle Schwangerschaftswoche (SSW) errechnet › durch Tasten wird der Höhenstand der Gebärmutter und die aktuelle Kindslage ermittelt › die kindlichen Herztöne werden abgehört und ihre Partnerin auf Wassereinlagerungen (Ödeme) untersucht › Untersuchung auf Krampfadern und Hämorrhoiden › das Gewicht wird bestimmt › der Blutdruck wird gemessen › der Urin wird auf ungünstige Substanzen wie Eiweiß, Blut, Zucker und Nitrit getestet › der Muttermund wird abgetastet (Abstrich vom Muttermund und Test auf Clamydien) › Blutabnahme zur Blutgruppenbestimmung, Antikörpersuchtest, Test auf Röteln, Test auf Lues, Bestimmung des Hb (relative Menge der roten Blutkörperchen) › HIV-Test (wenn gewünscht und ein medizinischer Grund dafür besteht)
9. bis 12. SSW	**1. Ultraschall** ⋯› Arbeitgeber informieren
11. SSW	› Ersttrimesterscreening
12. SSW	**2. Vorsorgeuntersuchung**

SSW:	Termin:
9. bis 13. SSW	› Nackentransparenzmessung möglich › Chorionzottenbiopsie möglich ⋯› Geburtsvorbereitungskurs anmelden
16. SSW	**3. Vorsorgeuntersuchung**
14. bis 16. SSW	› Fruchtwasseruntersuchung möglich
20. SSW	**4. Vorsorgeuntersuchung** › Blutabnahme zur Bestimmung des Hb
19. bis 22. SSW	**2. Ultraschall** ⋯› Kliniken und Geburtshäuser anschauen
24. SSW	**5. Vorsorgeuntersuchung** › Blutabnahme zur Bestimmung des Hb und zweiter Antikörpersuchtest
28. SSW	**6. Vorsorgeuntersuchung** › Blutabnahme zur Bestimmung des Hb; Anti-D-Prophylaxe (Injektion, wenn Blutgruppe Rhesus negativ); CTG (Cardio-Tokogramm) ⋯› Beginn eines Geburtsvorbereitungskurses
32. SSW	**7. Vorsorgeuntersuchung** › Blutabnahme zur Bestimmung des Hb
29. bis 32. SSW	**3. Ultraschall**
34. SSW	**8. Vorsorgeuntersuchung**
34. SSW	Ende dieser Woche beginnt der Mutterschutz ⋯› Klinikkoffer packen
36. SSW	**9. Vorsorgeuntersuchung** › Blutabnahme zur Bestimmung des Hb
38. SSW	**10. Vorsorgeuntersuchung**
40. SSW	**11. Vorsorgeuntersuchung** › Blutabnahme zur Bestimmung des Hb
40. SSW	Ende dieser Woche: Geburtstermin … falls sich niemand verrechnet hat
ab der 41. SSW	Untersuchung alle zwei Tage

IHR IST JA SO SCHLECHT …

Eindeutiger als ein positiver Schwangerschaftstest ist nichts. Zweideutig und häufig unangenehm dagegen sind die Symptome, die werdende Mamas zu spüren bekommen, wenn eine Schwangerschaft beginnt. Da können ziemlich harte Zeiten anbrechen. Seien Sie deshalb jetzt besonders einfühlsam und geben Sie Ihrer Partnerin das Gefühl, dass Sie sie über alles lieben, auch wenn sie regelmäßig alle feste Nahrung über dem Keramikbecken aushustet und ziemlich blass um die Nase wirkt. Ihre Partnerin macht gerade wirklich einiges durch. Da kann kein Männerschnupfen mithalten.

- **Metallischer Geschmack im Mund:** Warum einige Schwangere diesen metallischen Geschmack empfinden, ist nicht geklärt. Tun können Sie dagegen leider nichts, nur trösten und abwarten und ihr Kaugummis oder ein Glas Wasser reichen (was manche Frauen jetzt auch nicht mögen). Das Symptom verflüchtigt sich in der Regel nach ein paar Wochen.

- **Spannende oder weiche Brüste:** Angenehmer Nebeneffekt für werdende Papas in Form von ein, zwei Körbchengrößen mehr. Obwohl sie nicht sofort sichtbar größer werden, empfinden viele Frauen allerdings zu Anfang unangenehme Spannungsgefühle in ihren Brüsten. Ursache dafür sind durch die Einnistung des befruchteten Eis ausgeschüttete Hormone, die die Brust auf die anstehende Milchproduktion vorbereiten. Hilfreich: gut sitzende BHs und Brustmassagen mit pflegenden Ölen. Das wird Ihre Partnerin in diesen Fällen vermutlich lieber alleine machen. Also Finger weg. Rühren Sie ihr dafür etwas Quark für eine entspannende und kühlende Packung an (ja, das hilft) oder lassen Sie Ihrer Liebsten ein Ölbad ein.

- **Bleierne Müdigkeit:** Schon vor der Tagesschau um 20 Uhr ins Bett gehen – normalerweise undenkbar, bei Schwangeren ein weit verbreitetes Phänomen. Besonders in den ersten Wochen und Monaten leistet der Körper der werdenden Mama Schwerstarbeit. Die extreme Müdigkeit, die vielen Schwangeren zu schaffen macht, ist aus biologischer Sicht durchaus sinnvoll: Sie schützt vor zu viel Aktionismus und Umhergespringe. Deshalb: Zeigen Sie Verständnis und decken Sie Ihre Liebste gut zu. Der Vorteil: Ungehemmtes Sportschau-, Breaking-Bad- und Herr-der-Ringe-Trilogie gucken sind jetzt möglich. Spätestens ab dem 2. Schwangerschaftstrimenon können Sie auch wieder miteinander ausgehen, ohne dass sie über dem Essen einschläft.

- **Übelkeit:** Mehr als der Hälfte aller schwangeren Frauen ist in den ersten drei Monaten ziemlich übel. Manche erbrechen sich den ganzen Tag über, andere haben nur das Gefühl gleich spucken zu müssen (tun es aber nicht), anderen ist bloß morgens schlecht oder wenn sie etwas Bestimmtes riechen oder schmecken (das kann auch etwas sein, das sie vorher als angenehm empfanden). Die Bandbreite dieses Phänomens, das einen ganz schon fordern kann, weil man – außer einen Eimer bereit stellen und die Stirn kühlen – nur wenig tun kann, ist enorm. Für die meisten Schwangeren ist der Spuckspuk nach 12 Wochen vorbei, wenn die Schwangerschaft stabil ist. Was hilft? Wenn ein zu niedriger Blutzuckerspiegel der Grund für die Übelkeit ist, sollte Ihre Partnerin etwas essen (oder trinken), auch wenn ihr gar nicht der Sinn danach steht. Geben Sie ihr einen Zwieback oder machen Sie ihr einen Ingwertee oder Ingwerwasser. Auch Pfefferminztee und die Einnahme von Vitamin B6 können helfen.
- **Kopfschmerzen:** Wegen des erhöhten Gehalts des schwangerschaftserhaltenden Hormons Progesteron im Blut haben einige Schwangere Kopfschmerzen. Das beste Mittel dagegen sind frische Luft und Bewegung, außerdem sollte Ihre Partnerin ausreichend trinken und sich nicht über Sie ärgern. Behalten Sie also

die Nerven, massieren Sie ihr sanft die Kopfhaut oder auch das Gesicht, wenn sie es mag oder lassen Sie sie in Ruhe – und seien Sie geduldig. Meist verschwinden diese Beschwerden nach ein paar Wochen wieder, wenn sich der Körper an die Umstellung mit Baby im Bauch gewöhnt hat.

- **Sonderbare Essgelüste:** Was hat man nicht alles gehört: Nutella-brot und Bismarck-Hering, Schokopudding und Fischstäbchen… Schwangere Frauen entwickeln manchmal wirklich einen sonderbaren Geschmack. Allerdings: sonderbar kann auch heißen, dass eine Frau urplötzlich Appetit auf Nahrungsmittel entwickelt, die sie vorher strikt ablehnte. Vielleicht stürzt sie sich auf Spinat und Rosenkohl, den sie normalerweise überhaupt nicht mag oder steht plötzlich auf Schweinebraten, obwohl sie sonst kaum Fleisch isst. Auch der Geruchs- und Geschmackssinn verändern sich im Lauf der Schwangerschaft. Was Sie tun können? Für ausreichende Vorräte in guter Qualität sorgen.

- **Krampfadern & Co:** Dann gibt es noch andere Gemeinheiten wie Krampfadern, was die Frau dazu verdammt, sexy Stützstrümpfe (auch im Sommer!) zu tragen. Auch hier helfen Contenance, warme Worte und Komplimente, dass die Strümpfe doch ganz kleidsam sind, ja regelrecht ein schlankes Bein machen (Vorsicht, dass dieses Kompliment nicht nach hinten losgeht!). Stellen Sie ihr, sobald sie sitzt, einen Hocker zum Füßehochlegen bereit und massieren Sie ihr die Beine mit kühlenden Cremes, z. B. Aloe-Vera-Gel aus der Apotheke oder dem Drogeriemarkt. Krampfadern können sich auch an anderen Körperstellen einstellen, dann heißen sie Hämorrhoiden. In dem Fall gilt: Verständnis zeigen, ihr reichlich zu trinken bereitstellen und ballaststoffreiche Gerichte (das heißt mit viel Gemüse und Obst) servieren. Leckere Rezepte mit Verwöhncharakter, die auch absolute Koch-Beginner meistern, finden Sie ab Seite 134.

Top Ten: Dinge, die Sie jetzt noch tun sollten, bevor Ihr Kind da ist

1. Beehren Sie mit Ihrer Frau alle interessanten Bars und Restaurants in Ihrem Viertel oder in der nächstgelegenen Stadt, und schauen Sie sich auch die Neueröffnungen an. Es wird für lange Zeit Ihre letzte Gelegenheit sein, gemeinsam in Ruhe zusammenzusitzen und Ihr Essen zu genießen. Außerdem horten Sie so ein wenig Gesprächsstoff für Ihre (stetig weniger werdenden) Treffen mit den kinderlosen Freunden.

2. Besuchen Sie jetzt Orte, die Sie mit Baby vermutlich nicht betreten werden. Den Drogeriemarkt um die Ecke werden Sie bald blind durchqueren, also ist jetzt die Zeit dafür, die Gemäldesammlung Alter Meister, Vernissagen und Robbie-Williams- oder Ligabue-Konzerte zu besuchen, damit Sie etwas haben, wovon Sie zehren können, wenn Sie nachts mit einem wachen Baby auf dem Arm durch den Flur wanken.

3. Genießen Sie die Stille in Ihrer Wohnung, in Ihrem Garten und – ja, sogar in Ihrem Auto im morgendlichen Stau auf dem Weg zur Arbeit. Sie werden sie sehr bald als unerreichbar scheinendes Glück zu schätzen wissen.

4. Arbeiten Sie an Ihrer Toleranz, wenn Sie mit plärrenden Kindern konfrontiert werden. Rollen Sie nicht genervt die Augen, denn auch Ihr Kind wird irgendwann im Supermarkt ausrasten. Selbst wenn Sie nicht mit der Gelassenheit eines Zen-Mönchs gesegnet sind, dann versuchen Sie ein Lächeln. Ja, ich weiß, es fällt schwer. Üben Sie es trotzdem.

5. Gönnen Sie sich und Ihrer Frau ein fabulöses Luxuswochenende. Ob in einer Almhütte mit Kamin, auf Sylt mit frischen Austern oder im Piemont mit Trüffeln – lassen Sies krachen. Auch nach dem Dinner. Von der Erinnerung müssen Sie nämlich lange zeh-

ren. Wenn Ihrer Frau nach den Anfangsbeschwerlichkeiten die Schwangerschaft gut bekommt, spricht auch nichts gegen einen ausgiebigen, erholsamen Strandurlaub. Denn auch wenn Reisen mit Babys problemlos möglich sind: Erholsam sind sie nur selten.

6. Tragen Sie Ihre edlen Sachen jetzt – Seide, Kaschmir, Maßanzug. Die schönen Stücke werden lange im Schrank verschwinden.

7. Riskieren Sie etwas im Beruf. Als junger Vater sind Sie nämlich nicht in Bestform. Sie sind müde, Ihre Hemden sind zerknittert, Ihre Rasur gelingt selten vollkommen. Wenn Sie Ihr Gehalt neu verhandeln oder gar den Job wechseln wollen, tun Sie's jetzt. Übrigens: Es ist bemerkenswert, wie viele erfolgreiche Männer den entscheidenden Schritt in ihrer Karriere taten, während ihre Frau ein Kind erwartete.

8. Zum vorherigen Punkt passt ein weiterer großer Schritt: Sie planen einen Umzug, weil Sie endlich mehr Platz haben wollen? Oder sind schon seit Monaten halbherzig auf Wohnungssuche, indem Sie einmal pro Woche die Immobilienportale checken? Vervielfachen Sie Ihre Anstrengungen, geben Sie Vollgas, telefonieren Sie, löchern Sie nahe und ferne Bekannte; Versuchen Sie unbedingt, Wohnungsfindung und -wechsel vor dem Geburtstermin zu erledigen. Ein Umzug mit Baby ist zwar nicht unmöglich, aber fast. Ersparen Sie allen Beteiligten diesen Stress.

9. Der Mann ohne Eigenschaften«? »Ulysses«? »Buddenbrooks«? »Unendlicher Spaß«? Lesen Sie diese Schinken jetzt. Als erschöpfter junger Vater schaffen Sie es nicht einmal mehr, den Steckbrief des Playmates des Monats zu Ende zu studieren.

10. Sie träumen von einem Sportwagen, einem schicken Zweisitzer, einem Cabrio, einem Oldtimer? Bloß nicht kaufen, aber mieten Sie sich Ihren Traumwagen wenigstens für ein Wochenende. Denn die nächsten fünfzehn bis zwanzig Jahre gehören dem geräumigen Kombi mit Tigerenten- oder Prinzessin-Lillifee-Sonnenschutz.

SCHÖNER WOHNEN – ABER BITTE PLÖTZLICH!

Die Natur ist stärker als Sie, und deswegen werden auch Sie sich dem Phänomen des Nestbautriebes nicht so einfach entziehen können, indem Sie versuchen es zu ignorieren oder zu verdrängen. Mag auch Ihre Partnerin gegen Ende der Schwangerschaft kaum mehr die Kraft haben, sich vom Sofa aus der Liege- in die Sitzposition zu wuchten – sie schafft es dennoch, gebieterisch mit dem Zeigefinger auf Möbel zu deuten, die besser heute als morgen auf den Sperrmüll gehören oder neu gestrichen, gepolstert oder bezogen werden müssen. Frauen wollen in der Zeit ihrer Schwangerschaft gern alles neu und schöner – das heißt: in jeder Schwangerschaft. Das bedeutet: Viele Samstage bei Ikea und viele, viele Trips zum Baumarkt.

Machen Sie sich also darauf gefasst, dass jetzt noch schnell eine neue Küche oder ein neues Bad her muss. Ich werde Ihnen da keine geschickten Abwehrmaßnahmen an die Hand geben – die gibt es nämlich nicht.

Info

ACHTUNG, CHEMIKALIEN!

Zum Nestbautrieb gehören auch Putzorgien. Nichts ist falsch daran, Dinge zu ordnen und wegzuschmeißen, aber denken Sie daran, dass die Dämpfe aggressiver Putzmittel weder für Ihre Frau noch für Ihr Kind besonders gesund sind. Deswegen sollten Schwangere auch auf keinen Fall Möbel oder Wände anstreichen. Und natürlich ist auch das Möbelrücken und sonstiges schweres Heben jetzt Ihre Aufgabe.

Doch Sie werden an Ihren Aufgaben wachsen, auch wenn Sie vorher nicht gerade als Handwerker brillierten.

Fahrten zum Baumarkt und fachkundige Gespräche mit dem dortigen Personal werden für Sie so selbstverständlich wie der morgendliche Gang zum Bäcker. Lassen Sie aber, wenn Sie nicht gerade Schreiner sind, die Finger von selbstgebauten Babymöbeln. Ihre Kreativität sollten Sie anderweitig ausleben, Sie werden nämlich auch sonst genug zu tun haben. Kaufen Sie hochwertige Einrichtungsgegenstände für das Babyzimmer (viele sind das zu Beginn ohnehin nicht) ohne Schadstoffe und mit gutem, deutschem TÜV-Siegel.

Und wenn Sie gerade schon dabei sind, Ihrer Frau zuliebe alles grundzusanieren, sollte das Ihnen gleich eine gute Gelegenheit sein, Ihr Familiennest künftig nicht nur in ein Schöner-Wohnen-Objekt zu verwandeln, sondern auch kinderfreundlich zu gestalten. Der wichtigste Tipp für Sie vorab an dieser Stelle:

Machen Sie Ihr Haus oder Ihre Wohnung unbedingt sicher, *bevor* Sie Vater werden!

Wenn Ihr Baby da ist, werden Sie bei anstehenden Umbauten einfach nicht mehr die Motivation haben, mehr zu tun als müde die Augenbrauen zu heben.

Vor einem Baby ist NICHTS sicher

Es gibt Verletzungs- und Todesfallen, von denen Sie bisher noch nicht einmal geahnt haben, dass sie in Ihrer Wohnung oder Ihrem Haus existieren. Und Babys suchen die Gefahr und Harakiri-Erfahrungen – von Anfang an. Falle 1: Der Wickeltisch. Nur einmal die Hände weg und sich gebückt, um eine heruntergefallene Windel aufzuheben. Schon segelt Ihnen womöglich Ihr Kind entgegen. Um später krabbelnd das Wohnzimmer hinaus auf den Balkon zu durchqueren, braucht ein Baby exakt so viel Zeit, wie es für Sie dauert, kurz zum Kühlschrank zu gehen und nachzusehen, ob das Abendbier auch kaltgestellt ist.

Und: Zu diesen fabelhaften Leistungsexplosionen kommt es natürlich genau immer dann, wenn Sie mal ganz kurz weggeschaut haben und Ihre Frau nicht in der Nähe ist. Falls Sie also nicht Ihre gesamte wach verbrachte Zeit in Griffweite des Babys verbringen wollen, sind ein paar Sicherheitsmaßnahmen unumgänglich. Absolut notwendig ist zuerst die Versiegelung der Steckdosen mit Kindersicherungen, denn die Kleinen werden von diesen ominösen Befestigungen in der Wand, in denen man mit kleinen Fingern herumpulen kann, geradezu magisch angezogen. Leitungsprüfer scheint der erste Berufswunsch jedes Kindes zu sein. Denken Sie auch an Steckdosen, die Sie nie benutzen oder deren Existenz Sie verdrängt haben, denn die Kleinen kommen mühelos auch dort hin, wohin Sie es nur unter herben Bandscheibenproblemen schaffen, also hinter den Fernseher oder unter die Flurkommode.

BETTER SAFE THAN SORRY

Ich glaube nicht an Feng Shui beziehungsweise die geschäftstüchtigen Vertreter dieser sogenannten Philosophie, doch als ich mich einmal beruflich mit dem Thema beschäftigte, sah ich fortan unsere Wohnung mit anderen Augen. Im Feng Shui darf es beispielsweise keine Ecken geben. Das ist tatsächlich gar nicht dumm gedacht, denn zumindest Kleinkinderköpfe werden von Ecken magisch angezogen. Versuchen Sie also, Ihre Wohnung dementsprechend zu entschärfen. Vielleicht fanden Sie ja den quadratischen Couchtisch aus Marmor schon immer etwas unpassend. Eine sanft geschwungene Nierenform ist grundsätzlich kinderfreundlicher – wenn auch nicht Jedermanns Geschmack.

Bekannte von uns haben ihre Ecken zusätzlich mit Schaumstoff abgeklebt. So viel zum Thema »Schöner Wohnen«.

Wenn Sie ohnehin schon etwas paranoid sind, dann genießen Sie mit einem wohligen Schauer die nächsten Zeilen, denn es gibt eine Menge Gefahrenquellen, von denen Sie nichts ahnten, als Sie noch kinderlos und unbeschwert vor sich hin lebten.

- **Dübeln Sie alles fest,** was festzudübeln ist, denn das Baby wird spätestens nach dem Krabbelalter Klimmzüge an Ihren Regalen und Schränken üben.

- **Legen Sie alles Scharfe, Spitze, Schwere und Kleinteilige nach oben.** Weit nach oben. Oder packen Sie es in gut verschließbare Kisten mit schweren Deckeln oder Vorhängeschlössern. Am besten richten Sie sich dafür ein Baumhaus ein.

- **Mhmmmm, die heruntergefallenen Blätter und Samen** aus den Topfpflanzen im Wintergarten oder auch vom Fensterbrett schmecken dem Baby ganz hervorragend.

- **Freie Kabel? Sind mehr als nur Stolperfallen.** Seien Sie froh, dass Sie nicht mehr der Generation Stereoanlage angehören; die Türme, CD-Wechsler und Kassettendecks wurden von Babys bevorzugt mit Brei zugekleistert, in CD-Schubladen wurde Zwiebackmatsch versenkt. Ja, man glaubt es kaum, über welche Intelligenz die Kleinen schon verfügen, wenn es um die pure Zerstörung geht. Inzwischen befindet sich Ihre ganze Musikbibliothek auf dem Smartphone, vielleicht haben Sie noch eine Docking-Station mit separaten Boxen. Das ist gut, denn so hat das Kind weniger Angriffsfläche. Dennoch muss auch eine Docking-Station komplett nach oben verstaut werden. Selbst wenn es dem ausgeklügelten Surround-Sound abträglich ist. Eine enorme Gefahr sind außerdem Flachbildfernseher auf dünnen Füßen. Es reicht ein winziger Impuls, um sie umstürzen zu lassen; im schlimmsten Fall liegt das Kind darunter …

- **Kinderspielzeug, Puppen? Aber bitte ohne angenähte Knöpfe** als Augen, denn die Kleinen haben ein ungeheures Talent, ihre geringen Kräfte so punktuell einzusetzen, dass sie auch mehrfach vernähte Plastikaugen separieren und verkosten können.
- **Inspizieren Sie alle Schubladen** – auch die, an die Ihr gerade Laufen könnendes Baby eigentlich nicht herankommen kann. Klar, auf die sichere Verstauung von Messern und Schraubenziehern und ähnlichen Gegenständen wären Sie auch selbst gekommen. Hinfort aber auch mit Plastiktüten, Kordeln, Schnüren und Geschenkbändern (Erstickungsgefahr!). Auch hier sind Kindersicherungen das Gebot der Stunde; die gibt es auch für Unterschränke und Schubladen.

Eine Gummizelle ist auch keine Lösung

Kein Raum ist sicher. Die Küche mit den heißen Pfannen auf dem Herd und den Putzmitteln unter der Spüle. Das Badezimmer mit dem Wickelaufsatz auf der Badewanne, den rutschigen Fliesen und dann noch Pflegeprodukten, Kosmetika und Medikamenten in Griffweite. Den Föhn nicht zu vergessen. Das Schlafzimmer mit der heißen Nachttischlampe. Die Treppen, die Türen, der Balkon mit den Klappstühlen, die Quetschungen verursachen können oder es einem Kleinkind gar ermöglichen, über ein Geländer zu klettern. Ach so, Sie wohnen ebenerdig mit Grün vor der Tür und denken, Sie haben Glück gehabt? Dann denken Sie noch mal über Ihren Gartenteich und die Schwimmfähigkeit von Krabbelkindern nach. Sie merken schon: Am besten richten Sie Ihrem Kleinen eine Gummizelle ein. Dann passiert nichts, und sie lässt sich auch ganz unkompliziert mit einem Schlauch reinigen. Wenn Ihnen diese Lösung zu radikal erscheint: Ein Laufstall kann Ihnen einige ruhige Minuten schenken und wird Ihr Baby nicht traumatisieren. Gönnen Sie sich den kleinen Kerker.

Tipp

DIE WICHTIGSTEN ANSCHAFFUNGEN FÜR BABYS SICHERHEIT

❯ Wickelauflage mit Seitenbegrenzung (ca. 40 Euro)
❯ Steckdosenschutz (im Zehnerpack ab ca. 5 Euro)
❯ Schranksicherung (ab ca. 4 Euro)
❯ Sicherheitsriegel für Schubladen (3 Stück ab ca. 4 Euro)
❯ Klemmschutz für Türen (2 Stück ab ca. 6 Euro)
❯ Treppenschutzgitter (ab ca. 50 Euro)
❯ Herdschutzgitter (ab ca. 20 Euro)
❯ Antirutschmatte für die Badewanne (ab ca. 6 Euro)
❯ Kanten- und Eckenschutz (ab ca. 2 Euro)
❯ Kippsicherung für Flachbildschirme (ab ca. 6 Euro)

Lassen Sie uns über Geld reden

Wann, wenn nicht jetzt? Ja, erstens brauchen Sie etwas Kleingeld, um die eben angeführten Dinge zu kaufen, mit denen Sie Ihr Kind vor drohenden Gefahren in Haus und Hof schützen. Aber Sie sollten auch ans große Ganze denken. Als zukünftiger Vater ist es durchaus ratsam – sofern Sie nicht über entsprechende Goldreserven verfügen –, langfristig zu planen und Ihre Anlagestrategie zu überprüfen. Falls Sie bislang eine hatten. Laut Statistischem Bundesamt kostet ein Kind immerhin knapp 550 Euro im Monat. Nach 18 Jahren kommt so ein Sümmchen zusammen, für das man sich ein Apartment oder einen Porsche hätte leisten können. Nun will ich Ihnen auf gar keinen Fall Tipps geben, ob Sie Ihr Geld in Vorzugsaktien deutscher Autohersteller oder in Fonds südafrikanischer Silberminen stecken sollen. Ich kann Ihnen nur sagen: Lassen Sie sich beraten, und je mehr Leute Ihnen den gleichen Rat erteilen, desto stärker sollten Sie darüber nachdenken, genau das Gegenteil zu machen. Ich darf an die große Börsenblase der Internet-Aktien 2001/2002 erinnern und an all die Bankberater, die ihren armen Kunden schon fast mit Gewalt Titel des Neuen Marktes (Telekommunikation! Biotechnologie!) aufschwatzten.

Bewährt hat sich ein simpler Dauerauftrag auf ein sicheres Festgeldkonto, Sparbrief, Banksparplan (oder für Risikobewusstere in einen Aktienfond): 50 Euro pro Monat werden fürs Kind beiseite gelegt, mit 18 oder 21 oder nach dem Studium bekommt es alles zur freien Verfügung. Das klingt unglaublich spießig, ist aber eine wunderbare Starthilfe. Und denken Sie daran: Was sich in 18 Jahren da jeden Tag an Ihrer Seite entfaltet, ist sowieso unbezahlbar!

Überprüfen Sie auch Ihre Lebensversicherung. Oder schließen Sie eine ab. Denn wenn Sie Ihr Auto gegen einen Brückenpfeiler setzen (entschuldigen Sie die deutlichen Worte, aber wir sind hier ja unter Männern), soll es wenigstens Ihre Familie gut haben.

KAUFRAUSCH

Sobald sich die Sache mit der Schwangerschaft rumgesprochen hat, wird sich Ihre Wohnung oder Ihr Haus von allein füllen. Dafür sorgen Freunde, Familie und auch Ihre Frau selbst. Zum rätselhaften Nestbausymptomenkreis (auch: Syndrom) gesellt sich ein deutlich verstärktes Einkaufs- (auch: Shopping-) Verhalten. Und gerade, wenn man einmal als Paar mit zu erwartendem Nachwuchs durch die Stadt geht, wird man nun Dinge sehen, die man zuvor erfolgreich ignoriert hat. Damit sind vor allem die Babyboutiquen gemeint, die plötzlich aufzutauchen scheinen und den ahnungslosen Stadtflaneur regelrecht umzingeln. Nein, in Wirklichkeit waren sie schon immer da. Doch wann hätte man je einmal einen Blick ins Schaufenster riskiert? Babysachen – das war einst in etwa so fern und exotisch wie Mondgestein.

»Sooooooo süüüüüüß!«

Babyboutiquen in teurer Innenstadtlage werden tendenziell von jungen, hippen Müttern betrieben. Der Mann arbeitet sich in einer Anwaltskanzlei oder einer Unternehmensberatung auf, die Frau macht was für die Selbstverwirklichung und verkauft sündhaft teure handgefertigte Hemdchen oder Bauklötze aus garantiert biologischer Aufzucht. Mir ist übrigens aufgefallen, dass man in diesen Boutiquen immer überraschend unfreundlich bedient wird. Der Kunde ist hier kein König, sondern jemand, der sich dankbar zeigen muss, originelle und/oder politisch-ökologisch korrekte Babysachen kaufen zu dürfen, statt von internationalen, umweltvergiftenden Multis mit erschwinglichen Textilien gemolken zu werden.

Pretty in Pink?

Auch meine Frau selbst sorgte für die rasche Auffüllung unserer Wohnung. Ihre Schwangerschaft verlief insgesamt so unkompliziert, dass sie praktisch täglich shoppen gehen konnte. Alles, was es auf dieser Welt gibt, wurde in Rosa besorgt. Ich kam mir vor wie in einem Hello-Kitty-Alptraum. Interessante Italien-Erfahrung dazu: Nahe und entfernte Verwandte schenkten uns schon vor der Geburt ausgefeilte Küchengeräte wie Edelstahl-Mixer und Microplanes in allen Formen (Microplanes? Nur Küchenanfänger sagen »Reiben« dazu). Das gehört im leidenschaftlich aufkochenden Italien zum Nestbau dazu; der *Corriere della Sera* schätzte kürzlich, dass in jedem italienischen Haushalt durchschnittlich sechs hochwertige Küchenmaschinen verstauben – niemals benutzt oder gar ausgepackt. Daraus leitete die Zeitung gleich ein ökologisches Problem ab (Stichwort Elektroschrott), doch viel konkreter ist wohl die vergebliche Liebesmüh des gut gemeinten Präsents – hätte man den werdenden Eltern doch einfach Bargeld in die Hand gedrückt!

Doch mir waren die Küchengeschenke ganz recht. Denn immerhin waren sie nicht rosa.

Wirklich nur das Nötigste

Trotz des Babysachen-Kaufrauschs, in den werdende Mütter, Tanten und Omas leicht verfallen: Bedenken Sie, dass gerade die kleinen Kleidergrößen oft nur ein paar Wochen passen. Und ein Baby benötigt am Anfang noch nicht viel. Am besten ist übrigens tatsächlich Second-Hand-Babykleidung. Erstens wird sie nicht so oft getragen, weil die Kleinen ja schnell rauswachsen. Zweitens wurde sie schon häufiger gewaschen, so dass mögliche Schadstoffe in den Fasern ausgespült sind. Wenn Sie ganz auf Nummer sicher gehen wollen, empfiehlt sich Öko-Babykleidung aus schadstoffarmen Materialien. Die folgende Liste zeigt, was Sie alles brauchen:

Kleidung
- 6 bis 8 Wickelbodys in Größe 50 bis 62
- Oberteile, je nach Jahreszeit Pullis (z.B. aus Nicki, unbedingt auf Knöpfe im Schulterbereich achten, sonst gestaltet sich das Anziehen schwierig) oder Hemdchen in Größe 50 bis 62
- Strampler in Größe 50 bis 62
- einteilige Schlafanzüge in Größe 50 bis 62
- Erstlingssocken
- eine dünne Mütze für drinnen
- je nach Jahreszeit Mütze, Jacke und eventuell Handschuhe

Babypflege
- Windeln in Größe 1
- Feuchttücher – praktisch für unterwegs
- eine Babybadewanne (am Anfang reicht auch das Waschbecken)
- ein Badethermometer
- eine Babybürste

- zwei Kapuzenhandtücher
- Waschlappen, am besten Mullwaschlappen
- einen Nagelknipser oder eine Nagelschere für Babys und Kinder
- Spucktücher (Mullwindeln)
- Waschlotion für Babys
- Wundschutzcreme
- Kinderbad – möglichst frei von Parfum und Konservierungsstoffen

Möbel, Zubehör & Co

- Kinderbettchen/-wiege oder Stubenwagen
- zwei bis drei Bettlaken
- Bettdecke plus Bezug/Schlafsack je nach Jahreszeit
- Wickelkommode oder Wickeltischaufsatz für die Badewanne
- Wickelauflage
- Windeleimer
- evtl. Heizstrahler
- evtl. Babyphon
- evtl. Stillkissen
- Stilleinlagen
- Schnuller (ab 0 Monate)
- 2 Fläschchen mit Saugern in Größe 1
- eine Flaschenbürste
- einen Dampfsterilisator (alternativ können Sie die Fläschchen auch in einem Topf mit kochendem Wasser auf dem Herd auskochen)
- 4–6 Lätzchen
- evtl. für die Zubereitung von Säuglingsnahrung geeignetes Wasser
- evtl. Anfangsnahrung für Babys
- ein Fieberthermometer

Für unterwegs

- Babyschale fürs Auto
- Kinderwagen plus Fußsack (für Sommer und Winter)
- evtl. Tragetuch

Tipp

DER PERFEKTE KINDERWAGEN

Es gibt sie in den verschiedensten Varianten von Buggy über Jogger bis hin zu Kombikinderwagen. In den Kinderwagen sollte ein Baby bis ins Kleinkindalter (etwa drei Jahre) passen: rund sechs Monate liegend in der Tragetasche oder –wanne und später im Sitz sitzend, der sich zum Schlafen waagrecht stellen lässt. Der Wagen sollte für Kinder bis mindestens 15 Kilogramm geeignet sein. Besser noch sind Modelle, die bis zu 20 Kilogramm aushalten. Wichtig: Lassen Sie sich bei der Auswahl Zeit. **Probieren Sie aus, mit welchem Wagen Sie gut zurechtkommen und ob er in Ihr Auto passt (!).** Bei Stiftung Warentest finden Sie Empfehlungen für den perfekten Kinderwagen (Link auf Seite 172).

Leider gibt es noch kein Jungvater-Komplett-Starterkit. Wenn Sie diese Marktlücke nutzen und damit reich werden wollen: Meinen Segen haben Sie.

SEX ODER KEIN SEX? – DAS IST HIER DIE FRAGE

Wie ist das eigentlich mit dem Liebesleben in der Schwangerschaft und nach der Geburt? Schwieriges Thema für einen *tedesco*, der mit einer italienisch-katholischen Familie verbandelt ist. Vor allem bei meiner Vergangenheit. Lassen Sie mich dazu etwas weiter ausholen. Ich habe fünf Jahre meines Lebens als Redakteur für den »Playboy« gearbeitet. Natürlich – ich war nur für die Interviews zuständig. Und ab und zu fiel eine Reportage ab, etwa über Windhunderennen in England. Es waren die großartigen Neunzigerjahre, als Magazine nicht wussten, wohin mit ihren Werbeeinahmen. Ich flog einfach nach London, nahm mir ein Hotel, fuhr mit dem Taxi überall hin, ging flott essen, flog zurück und legte der Sekretärin alle Quittungen auf den Tisch; drei Tage später war das Geld auf meinem Konto. Es war eine wunderbare Zeit für einen Mittzwanziger, der nach einer verkorksten Pubertät viel nachzuholen hatte. Und wenn Sie es schon wissen wollen: In fünf Jahren hatte ich nie etwas mit einer Playmate, und das hat genau drei Gründe (dass es an meiner mangelnden Attraktivität lag, ziehe ich aus Selbstschutz nicht in Betracht).

Ein heikles Thema

Erstens waren Text- und Fotoredaktion strikt getrennt: Die Fotoredaktion war weiblich besetzt, denn die Mädels wussten genau, ob eine Frau nackt gut aussah oder nicht – während Jungs (heterosexuelle Jungs) sich von blonden Locken, viel Haut oder offensivem Lippenstift verwirren lassen würden.

Zweitens sind Playmates winzig klein, oft um oder deutlich unter 1,60 Meter. Ja, wirklich, und hier kommt echtes Insider-Wissen: Kleine Menschen sehen immer besser proportioniert aus als große Menschen. Daher sind alle Nacktmodelle winzig und übrigens sind aus genau diesem Grund auch viele Schauspieler klein, aber das nur nebenbei. Auf Fotos und Leinwänden kann man gar nicht gnomig genug sein, wenn man gut aussehen will. Kleidung wiederum sieht an großen Menschen besser aus, deswegen sind Catwalk-Models so lang. (Und wenn sie sich ausziehen, wirken sie immer etwas klapprig, was nicht nur an einer Essstörung liegen kann, sondern an ihrer schieren Körpergröße.) Sehr kleine Frauen waren allerdings nie so mein Fall. Ich war immer für eine Beziehung auf Augenhöhe.

Drittens war ich bereits mit meiner späteren italienischen Frau verlobt. Und während man in Deutschland dem Playboy immerhin noch ein gewisses Niveau zusprechen kann, ist die italienische Ausgabe in der ganz, ganz billigen Ecke. Ich musste also in den ersten Jahren unseres Zusammenseins heftig um meine Reputation kämpfen. Außer bei Lauras Brüdern, die ich mit monatlichen Zusendungen von aktuellen Ausgaben sehr gut bestechen konnte.

Sie machen das schon!

Sie werden von mir hier also nichts Konkretes über Sex in der Schwangerschaft oder nach der Geburt hören, denn dann würde ich meinen mühsam wiederhergestellten Namen erneut in den Schmutz ziehen. Keine Tipps, keine Stellungsempfehlungen. Wenn Sie meine Schwiegermutter kennen würden, würden Sie es genauso machen. Ihre Frau und Sie – Sie werden es im Bett schon allein hinkriegen. Es hat ja vor der Schwangerschaft offenbar auch gut funktioniert.

Da fällt mir ein: Ein einziges Mal hätte ich beinahe doch mal was mit einer Playmate gehabt. Wir hatten unsere alljährliche Playboy-Party in der Münchner Nervensägendisco P1, im abgetrennten Bereich. Mehr VIP würde ich in meinem Leben nie mehr sein. Alle Playmates des Monats waren da, und eine ausnehmend hübsche Dresdnerin, als einzige recht groß (1,70 Meter, schätze ich), hatte es mir angetan. Wir tauschten längere Blicke, was ich als eindeutigen Flirtversuch wertete. Ich ging also auf sie zu und fragte sie, ob ich ihr etwas zu trinken bringen dürfe. »Aber ja doch«, sagte sie in ihrem entzückenden sächsischen Dialekt. Sie hätte gern einen »Multidrink«. Einen was? fragte ich. »Nü, einen Mulldüdrünk«, sagte sie erneut. Ja, verflixt – nach einigem Hin und Her stellte sich heraus, dass sie gern einen Multivitaminsaft hätte. Samstagnacht. Auf der Playboy-Party. Da wusste ich, dass sie und ich nicht füreinander geschaffen waren.

Sehen Sie? Jetzt habe ich doch ein bisschen über Sex geredet, ohne dass ich meine Frau erwähnen musste. Weiter gehts.

Das sagt die Wissenschaft

SEX-MYTHEN IN DER SCHWANGERSCHAFT

Nein, auch hier kommt kein Kamasutra für werdende Eltern, aber hier ist der richtige Platz, um mit ein paar Mythen aufzuräumen. Warum? Immerhin haben laut einer Studie der Berliner Charité werdende Eltern doch 1,5 mal pro Woche Sex miteinander – also geht es auch nach dem Zeugungsakt bei vielen Paaren munter weiter.

In der Frühschwangerschaft haben allerdings manche Frauen keine Lust, wenn sie von den klassischen Anfangssymptomen (siehe Seite 18 ff.) geplagt sind. Wer könnte es ihnen verdenken? Seien Sie nun besonders fürsorglich, trösten und beruhigen Sie sie. Und freuen Sie sich auf bessere Zeiten. Denn irgendwann verflüchtigen sich die Schwangerschaftssymptome, Ihre Frau wird von einem Hormonhoch durchflutet – und das macht manchen Schwangeren auch mehr Lust und das Ganze auch mehr Freude. Schön ist jetzt auch, dass keiner von beiden über Verhütung nachdenken muss und es auch nicht um Leistungsdruck geht, dass es diesmal bitteschön mit dem Schwangerwerden klappt.

Das sagt die Wissenschaft: Das Risiko für eine Fehlgeburt ist bei Sex in der Frühschwangerschaft nicht erhöht – sofern die Schwangerschaft normal verläuft. Bei Blutungen bitte den Arzt zu Rate ziehen, der in diesem Fall zu einer Pause rät.

Im zweiten Schwangerschaftsdrittel geht es vielen Frauen gut und sie sehen richtig sexy aus. Alles ist runder, der Bauch hält sich noch in Grenzen. Und Sie haben noch viele Nächte für sich. Sobald sich das Baby merklich rührt, sorgen sich manche Frauen, ob das mit dem Sex noch alles so in Ordnung ist. Werdende Väter werden von der Furcht geplagt, ihrem Baby Schaden zuzufügen. Sicher ist: Sie sind ab jetzt zu dritt im Bett und einer davon ist definitiv minderjährig. Das kann abtörnend wirken, muss es aber nicht.

Das sagt die Wissenschaft: Ihrem Baby kann beim Sex gar nichts passieren, denn es liegt in seinem Fruchtwasserbad gut geschützt in der Gebärmutter – und es lernt Sie auch nicht von einer Seite kennen, die es möglicherweise frühtraumatisieren könnte. Es ist anatomisch gesehen überhaupt nicht möglich, dass Sie auch nur in die Nähe des Babys geraten. Und: Es kann Sie auch nicht sehen! Der weibliche Orgasmus ist ebenfalls nicht schädlich. Er wirkt für kurze Zeit in der Gebärmutter und sorgt für erhöhten Blutdruck. Wenn das Baby danach herumzappelt, tut es das, weil es mit einer Extraportion Blut versorgt wird – quasi ein kleines Kreislauftraining.

Tabu ist Sex in dieser Phase, falls Ihre Frau zu vorzeitigen Wehen neigt und sich der Muttermund bereits öffnet, falls sie Blutungen hat, bei Placenta Praevia (wenn der Mutterkuchen vor dem Muttermund liegt), bei chronischen Erkrankungen wie Typ-2-Diabetes sowie bei Genitalinfektionen. Auch bei einer Mehrlingsschwangerschaft sollten Sie im Zweifelsfall den Frauenarzt fragen.

Im letzten Schwangerschaftsdrittel wird Sex zu einer echten Stellungsherausforderung, da der Bauch mittlerweile beachtliche Ausmaße angenommen hat. Aber je nachdem, wie Ihre Frau gelaunt ist: Vieles ist auch jetzt noch möglich. Einfallsreichtum und körperliche Koordinationsfähigkeit sind gefragt. Im Zweifelsfall verwöhnen Sie Ihre Frau mit einer Massage und liebevollen Kuscheleinheiten. Sprechen Sie mit ihr über die Zeit nach der Schwangerschaft, sorgen Sie für viele Momente der Vertrautheit und Geborgenheit.

Das sagt die Wissenschaft: Es ist eine Mär – wenn auch eine, die sich hartnäckig hält –, dass man mit Sex in der Spätschwangerschaft die Geburt einleiten könnte, da mit Sperma das wehenauslösende Hormon Prostaglandin in den weiblichen Körper gelangt. Um damit Wehen auszulösen, sind die Konzentrationen viel zu gering.

»Ich glaube, es kommt.«

AUFWÄRMEN FÜR DEN GROSSEN TAG

Sie und ich: Wir glauben nicht an Sternzeichen, richtig? Schon gar nicht glaube ich an meines. »Jungfrau« – wie das schon klingt. Und doch sagt man mir trotz meines vordergründig chaotischen Daseins (fragen Sie mal meine Steuerberaterin!) einen gewissen Hang zur Planung nach, wie es Jungfrauen angeblich eigen ist. Und diese Neigung konnte ich kurz vor der Geburt unserer Tochter in geradezu manischen Zügen ausleben.

Man liest ja immer wieder die unglaublichsten Geschichten: Kind im Stau geboren, Baby im Taxi zur Welt gekommen oder in Begleitung eines als Hebamme fungierenden Busfahrers, angefeuert vom Applaus der umher stehenden Fahrgäste – so weit sollte und durfte es nicht kommen. Stressig, das ahnte ich, würde es schnell genug werden, da sollten wenigstens die Stunden und Minuten vor der Geburt einigermaßen rund ablaufen. Denn jeder weiß: Wenn die Fruchtblase platzt, ist Action angesagt. Und auf dem italienischen Land gibt es weder Taxis noch öffentlichen Nahverkehr. Orkane, Schneeverwehungen und entwurzelte Allee-Pappeln konnte ich zumindest ausschließen, denn als Geburtstermin unserer ersten Tochter war der 20. August festgelegt, wonnig-wohliger Hochsommer. Doch als erstes war mein Auto ab Anfang Juli immer vollgetankt. Und ich meine: randvoll. Das Diesel schwappte nur so aus dem Einfüllstutzen. Zweitens fuhr ich die Strecke zum Krankenhaus mehrmals pro Woche ab – und zwar immer auf alternativen Routen, um im Fall von Straßensperren Ausweichmöglichkeiten zu kennen. Selbst Ölstand und Reifendruck überprüfte ich. Was ich zum ersten Mal in meinem Leben machte. (Ich holte mir vorsichtshalber aber noch eine zweite Meinung vom misslaunigen Tankwart, der vier Mal herzlich gegen meine Reifen trat und »tutto bene« knurrte.) Von meiner Seite aus war alles klar.

Aber Sie kennen vielleicht die Geschichte von den zwei frommen Mönchen, die unbedingt wissen wollten, wie es im Paradies aussieht.

Dazu beschlossen sie Folgendes: Wer zuerst stirbt, solle dem anderen im Traum erscheinen und einen Hinweis geben. Sie legten einen Code fest: Die Zahl Eins für grüne Wiesen und plätschernde Bäche, die Zwei für tropisches Garden-Eden-Ambiente, die Drei für Wattewölkchen und Harfespiel und so weiter. Sie hatten, so dachten sie, an alle Eventualitäten gedacht. Einige Zeit später starb der Älteste von ihnen. Der andere wartete begierig auf sein Erscheinen. Einige Wochen lang passierte nichts, doch dann erschien der tote Mönch dem anderen im Traum. Er sagte keine Zahl. Er sagte nur: »Totaliter aliter.«»Vollkommen anders.« Jedes denkbare Szenario war über den Haufen geworfen.

Wie im Film

So sollte es dann auch bei meiner Geburtspremiere sein. Am 5. August genossen wir unseren Strandtag, und die neben uns liegende ältere Apothekerin taxierte den prachtvoll runden Bauch meiner Frau. »Noch mindestens vier Wochen«, sagte sie und widmete sich wieder ihrer Rätselzeitschrift. Am Abend waren wir bei meiner Schwiegermutter, die, wie ich schon immer vermutete, über magische Kräfte verfügt. Sie blickte beim Essen ihrer Tochter in die Augen: »Heute ist es so weit.« Man sähe das, sagte sie als Erklärung. Mehr nicht.
Und: Sie hatte Recht. Und natürlich brach praktisch zeitgleich mit der um 23 Uhr platzenden Fruchtblase meiner Frau ein Sommergewitter aus beinahe heiterem Himmel hervor, mit Orkanböen und herumfliegenden Ästen. Die Fahrt ins Krankenhaus über Küstenlandstraßen war ein hollywoodreifes Abenteuer. Aber wir kamen rechtzeitig an. Der zuständige Arzt aber musste erst die Feuerwehr zu sich nach Hause rufen, weil ein umgestürzter Baum seine Ausfahrt blockierte; er erreichte mit zwei Stunden Verspätung die Klinik, zwei Stunden, in denen ich bitter bereute, je mit dem Rauchen aufgehört zu haben. Aber er kam gerade noch rechtzeitig. Und dann war alles gut.

ALLZEIT BEREIT: **DIE KLINIKTASCHE**

Der Geburtstermin liegt viele Monate lang irgendwo in einer fernen Zukunft. Doch mit dem sich rundenden Bauch Ihrer Frau oder mit einem eigenwilligen Baby, das davon überzeugt ist, es müsse sich früher als geplant auf den Weg nach draußen machen, kann alles plötzlich sehr schnell gehen. Auch hier gilt die alte Pfadfinderregel: Allzeit bereit. Das betrifft insbesondere ein Utensil, von dessen Existenz Sie bislang noch gar nichts geahnt haben. Es trägt den ominösen Namen Kliniktasche. Damit ist eine Tasche oder ein Koffer gemeint, in dem alles enthalten ist, was Ihre Frau und Ihr Baby für die Geburt und die Zeit danach brauchen, sofern Ihre Frau in einer Klinik entbindet und sich dort ein paar Tage ausruht. Doch auch für das Geburtshaus müssen Sie das eine oder andere einpacken. Deshalb sollten Sie die Kliniktasche ab dem 7. Schwangerschaftsmonat bereitstehen haben.

Spezial-Tipp: Bereiten Sie zwei Taschen vor – für die Geburt und für die Tage danach im Krankenhaus. Aber selbst, wenn Sie eine Hausgeburt oder ambulante Geburt planen, also das Krankenhaus nach der Geburt mit Frau und Kind verlassen, sollten Sie vorsichtshalber einige Dinge für ein paar Tage Klinikaufenthalt vorbereiten.

Dokumente
- Mutterpass
- Personalausweis
- Versicherungskarte der Krankenkasse
- Einweisungsschein
- Viele Kliniken übernehmen die Anmeldung Ihres Babys beim Standesamt. Hierfür benötigen Sie: Heiratsurkunde; bei unverheirateten Paaren eine Geburtsurkunde von beiden

Für die Geburt (das meiste wird Ihre Frau schon in petto haben, falls es aber wirklich schnell gehen sollte, ist das auch Ihre Checkliste)
- Ein oder zwei weite T-Shirts oder ein altes Hemd von Ihnen

- Bademantel oder gemütliche Jacke (für Spaziergänge durch den Krankenhausflur)
- Rutschfeste Hausschuhe
- Dicke, warme Socken (kalte Füße wirken wehenhemmend)
- Lippenbalsam
- Haargummi, falls Ihre Frau lange Haare hat
- Getränke und Snacks (Sandwiches, Müsliriegel, Traubenzucker, Obstschnitze) zur Stärkung für Ihre Frau und Sie
- Musik
- Fotoapparat oder Smartphone (Babys nie mit Blitz fotografieren!)

Für die Zeit in der Klinik (Auch hier gilt: Das meiste dürfte Ihre Frau auf dem Schirm haben, aber für den Fall der Fälle ...)

- 3 bis 4 weite T-Shirts, bequeme Nachthemden oder Schlafanzugjacken, die sich vorne öffnen lassen
- Jogginghose oder ein bequemes Modell, das etwa im 6. Monat gepasst hat (direkt nach der Geburt passt Ihre Frau noch nicht wieder in ihre alte Kleidung, außer Sie sind mit Heidi Klum verheiratet.)
- 2 bis 3 Still-BHs
- Stilleinlagen
- Toilettenartikel
- Notizbuch und Stift
- Persönliche Dinge wie Fotos, Buch, Zeitschriften, Wolldecke
- Handy + Ladekabel (Ladekabel drei Mal unterstreichen und auf keinen Fall vergessen!)

Fürs Baby

- 2 bis 3 Bodys, Hemdchen und Strampler in Größe 56-62, Windeln für Neugeborene und ein paar Baumwollwindeln (Spucktücher)
- Für die Fahrt nach Hause: Eine Garnitur in Größe 56-62 (Body, Hemdchen, Jäckchen, Strampler, Söckchen, Wolljacke und Mütze)
- Im Winter: Schneeanzug und warme Babydecke (je nach Jahreszeit)
- Nicht vergessen: Baby-Sicherheitsschale für die Fahrt nach Hause

DABEI SEIN IST ALLES?

Meine Freunde beneiden mich um meine italienische Frau, und das hat nichts mit ihren Kochkünsten zu tun oder mit ihrem mediterranen Appeal, sondern ehrlich gesagt damit, dass Sie mir erspart hat, bei der Geburt dabei zu sein. Da ist sie ganz fromme Katholikin, die unpässliche Situationen mit viel Nacktheit, Schmerz und Blut lieber allein mit sich ausmacht. Die meisten meiner Freunde mussten von der ersten bis zur letzten Minute im Kreißsaal Händchen halten.

Manche wollten es auch und waren wirklich stolz darauf, ihrer Frau beizustehen. Beziehungsweise es versucht zu haben. Sie haben meinen größten Respekt. »Noch nie stand ich meiner Frau so nah«, bezeugen sie dann. Wenn man sie aber mit zwei, drei Glas Bier weichgekocht hat, dann sagen sie Sätze wie »Oh Mann, ich wäre fast aus den Latschen gekippt« oder:

»Der Arzt musste sich mehr um mich kümmern als um meine Frau.«

Oder, in der schlichteren Variante: »Oh Gott, *was da alles rauskam!*« Sie lesen diese Zeilen wahrscheinlich in Deutschland, Österreich oder der Schweiz. Und das bedeutet, dass Sie bei der Geburt nahezu sicher unmittelbar dabei sein werden. Eine Forsa-Umfrage im Auftrag der Zeitschrift *Eltern* besagt, dass 96 Prozent der Väter von Kindern bis drei Jahre bei der Geburt dabei waren. 71 Prozent empfanden die Geburt als sehr schönes Erlebnis, 30 Prozent der befragten Männer gaben zu, es mit der Angst um ihre Partnerin zu tun bekommen zu haben, 26 Prozent fühlten sich hilflos, 20 Prozent überflüssig. Männer sind insgesamt doch recht tapfer; nur 13 Prozent empfanden die Geburt als erschreckend, 10 Prozent berichteten von Momenten, an denen es ihnen nicht gut ging, und lediglich fünf Prozent gaben an, dass sie manchmal gern das Geburtszimmer verlassen hätten. Selbst wenn man dieser Umfrage nicht restlos trauen kann, ist die gemeinsam erlebte Geburt wohl doch eher positiv zu sehen. Wie gesagt, ich referiere hier nur aus zweiter Hand. »Toll, wie meine Frau das alles bewältigt hat«, hört man von jungen Vätern. Beziehungen können durch dieses fundamentale Erlebnis gefestigt werden. Wer Bammel hat, aber unbedingt dabei sein will: In vielen Geburtsvorbereitungskursen werden auch die Sorgen der Männer thematisiert. Man muss die Empathie ja nicht so weit treiben wie französische Weinbauern, die früher Frauenkleider anzogen und die Geburtsschmerzen imitierten.

Reden Sie darüber

Was sagen die Experten? Ein guter Freund von mir ist Gynäkologe. Und er sagt: »Wir haben, ehrlich gesagt, gar nichts dagegen, wenn der Mann nicht bei der eigentlichen Geburt dabei ist. Viele Frauen haben Hemmungen, sich vor ihrem Mann gehen zu lassen. Das kann die Geburt verkomplizieren. Und tatsächlich ist es schon vorgekommen, dass wir dem Mann eine Beruhigungsspritze setzen mussten.« Er will anonym bleiben, denn die Forderung, den Mann draußen zu lassen, klingt in der heutigen Zeit entsetzlich gestrig. Was er sich aber, im Gegensatz zu vielen Kollegen, ausdrücklich vom werdenden Vater verbittet, ist das Filmen der Geburt. Wenn Ihre Frau das Kind lieber allein zur Welt bringen will, dann bestehen Sie nicht darauf, dabei zu sein. Sprechen Sie das Thema »Dabei sein oder nicht dabei sein?« vorher durch – auch Frauen bezeugen danach gar nicht so selten, dass sie lieber allein gewesen wären. »Ja, hättest du doch nur was gesagt!« heißt es dann hinterher. Also sprechen Sie vorher darüber. Klingen Sie dabei aber nicht so, als wollten Sie sich drücken.

Tipp

SO STEHEN SIE BEI DER GEBURT IHREN MANN

❯ Es gibt keine wissenschaftlichen Erkenntnisse darüber, ob das Dabeisein des Mannes im Kreißsaal positive oder negative Auswirkungen auf den Geburtsvorgang selbst, die spätere Beziehung zur Partnerin oder gar die Vater-Kind-Bindung hat. Kurzum: **It's up to you two.**

❯ Ganz wichtig: **Rechnen Sie damit, dass eine Geburt unvorhersehbar ist.** Dinge passieren, die Sie nicht für möglich gehalten haben. Sie werden Ihre Frau kaum wiedererkennen. Vielleicht will sie gerade gar nicht berührt werden, obwohl im Geburtsvorbereitungskurs viel von Streicheleinheiten und Händchenhalten die Rede war. Davon dürfen Sie sich weder schockieren noch beeindrucken lassen.

❯ »Schützen Sie sich vor den Bildern«, empfiehlt Geburtsmediziner Dr. Wolf Lütje. Stehen Sie am Kopfende und wenden Sie sich dem Kopf der Frau zu. Und: Kümmern Sie sich um sich selbst, auch wenn das komisch klingt. **Ihre Frau darf nie das Gefühl bekommen, dass sie sich auch noch um Sie Sorgen machen muss.** Eine vernünftige Einstellung, die Sie ausstrahlen sollten, lautet: »Alles cool, ich bin zwar da, aber keiner muss hier auf mich achten.«

❯ **Sorgen Sie gegebenenfalls für Ablenkung,** wenn es die Situation erfordert, seien es gemeinsam ausgeführte Atemtechniken oder ein Kuscheltier. Legen Sie sich angenehme Gesprächsthemen zurecht, etwa ihren letzten Urlaub – oder Pläne für den ersten Urlaub zu dritt. Denken Sie daran, dass sich die Geburt über viele Stunden hinziehen kann. Sprechen Sie sich mit dem Arzt oder der Hebamme ab, um etwa Süßigkeiten aus dem Kiosk zu besorgen. Sprechen Sie dabei langsam, mit beruhigender Stimme, um keine Hektik aufkommen zu lassen. Sie wissen (hoffentlich), was Ihrer Frau guttut. Aber halten Sie auch mal, wenn es überhaupt nicht passt, die Klappe.

WOZU EIN GEBURTSPLAN?

Die Geburt eines Kindes ist für eine Frau ein einschneidendes Erlebnis und Grenzerfahrung in einem. Viele Paare wollen deshalb so gut wie möglich vorbereitet sein, wenn der große Tag ansteht. Dabei geht es nicht nur darum, den Ort auszusuchen, wo Ihr Kind auf die Welt kommen soll (siehe ab Seite 48), sondern auch darum, bestimmte Rahmenumstände zu planen.

Mit Hilfe eines Geburtsplans können Sie alle Einzelheiten schriftlich festhalten. Das gibt vor allem Ihrer Frau die Sicherheit, dass auch während des Ausnahmezustandes der Geburt und danach ihre Wünsche berücksichtigt werden. Dieser Plan ist natürlich je nach Situation nicht immer einhaltbar, dient aber dem Krankenhauspersonal, der Hebamme und auch Ihnen als Wegweiser. Bei einer komplikationsfreien Geburt können sehr viele Wünsche berücksichtigt werden. Sofern Sie zur Geburt mitkommen, können Sie die Einhaltung dieser Anliegen im Auge behalten. Denn nicht immer ist in Kliniken eine durchgängige Betreuung durch eine Person möglich – auch Hebammen und Krankenschwestern müssen mal schlafen.

Diese Themen können geplant werden:

Vor der Geburt

- Wer soll während der Geburt der Begleiter Ihrer Frau sein? Sie selbst, eine Hebamme, die eigene Mutter, Schwester oder beste Freundin? Soll(en) diese Person(en) während der Geburt anwesend sein oder in bestimmten Situationen den Raum verlassen: zum Beispiel bei vaginalen Untersuchungen oder wenn ein Dammschnitt genäht werden muss?
- Klären Sie, bis zu welchem Zeitpunkt Sie wieder nach Hause gehen können, wenn die Geburtswehen noch nicht stark genug sind.

Während der Geburt

- Wo und wie möchte Ihre Frau gern entbinden? In einer Badewanne, auf einem Gebärhocker, im Knien oder Liegen? Darf Ihre Frau je nach Gefühl eine andere Position auswählen?
- Denken Sie über Wehenbeschleuniger oder Wehenhemmer, Schmerzmittel und eine PDA nach. Was schließen Sie aus? Möchte Ihre Frau homöopathische Mittel während der Geburt, Akupunktur, eine Massage oder Anleitung bei der Veratmung der Wehen? (Ich habe meine ganz eigene, überaus abfällige Meinung zur Homöopathie, aber jetzt ist sicher nicht die Zeit, mit Ihrer hochschwangeren oder bereits gebärdenden Frau eine Grundsatzdiskussion zu führen.)
- Möchte Ihre Frau die ganze Zeit durch ein CTG überwacht werden oder nur zeitweise?
- Wie steht sie zu einem Dammschnitt?
- Wünschen Sie eine natürliche Geburt der Plazenta oder eine durch Medikamente beschleunigte Nachgeburt?
- Wer soll die Nabelschnur durchtrennen?

Nach der Geburt

- Wünschen Sie eine Vitamin-K-Prophylaxe für Ihr Baby?
- Verweigern Sie die Gabe von Silbernitrat-Tropfen nach der Geburt für Ihr Baby?
- Möchte Ihre Frau das Kind sofort an die Brust legen, sobald es entbunden wurde?
- Wünschen Sie eine ambulante Geburt und verlassen das Krankenhaus noch am Tag der Entbindung?
- Hat Ihre Frau vor, das Kind nach Bedarf zu stillen?
- Darf Ihr Baby einen Schnuller bekommen?

WO ENTBINDEN?

Eine Geburt ist ein besonders intimer Moment. Grund genug, sich über den Ort, an dem sie stattfinden soll, rechtzeitig Gedanken zu machen. Nehmen Sie sich deshalb die Zeit, den richtigen Platz dafür zu finden und unterstützen Sie Ihre Partnerin bei der Suche.

In Deutschland haben Sie die Wahl zwischen einer Geburt in der Klinik, im Geburtshaus oder einer Hausgeburt. Letztendlich ist es eine Frage des Schwangerschaftsverlaufs und Ihrer Belastbarkeit als Geburtshelfer. Wichtig ist, dass Ihre Partnerin sich bei der Geburt sicher und geborgen fühlt, schließlich erledigt sie den Hauptjob.

In der Klinik

In Deutschland kommen die meisten Kinder im Krankenhaus zur Welt. Zu den Vorteilen gehört die medizinische Betreuung von Mutter und Kind, die vielen Eltern wichtig ist. Nach der Geburt bleiben viele Frauen auf der Station und ruhen sich dort ein paar Tage aus, bevor es mit dem Baby nach Hause geht. Man kann aber auch ambulant entbinden, das heißt einige Stunden nach der Geburt wieder nach Hause gehen. Viele Krankenhäuser haben inzwischen gut ausgestattete und angenehm gestaltete Kreißsäle. Trotzdem gibt es gravierende Unterschiede bei den verschiedenen Geburtskliniken. Wichtig: Beliebte Geburtskliniken sind oft gnadenlos ausgebucht. Deshalb früh genug anmelden! Klären sie bei der Anmeldung zur Geburt folgende Fragen:

- Gibt es Beleghebammen, die Ihre Partnerin begleiten können?
- Kann Ihre Partnerin die Gebärposition selbst bestimmen?
- Welche Hilfsmittel stehen zur Verfügung (z.B. breite Betten, Pezzi-Ball, große Badewannen, Seile, Hocker usw.)?
- Welche Schmerzmittel werden gegeben? Gibt es zum Beispiel eine mobile PDA, mit der Ihre Partnerin herumgehen kann.

- Wie wird die Geburt überwacht?
- Wann wird eine Geburt routinemäßig eingeleitet?
- Was geschieht mit dem Kind unmittelbar nach der Geburt?
- Kann Ihre Partnerin das Kind unmittelbar nach der Geburt stillen? Wie sehr unterstützt die Klinik das Stillen? (Qualitätsmerkmal für Kliniken ist die Auszeichnung mit der WHO-Plakette »Babyfreundliches Krankenhaus«.)
- Ist Rooming-In möglich?
- Ist eine Kinderklinik oder -station angeschlossen oder steht ein Kinderarzt rund um die Uhr zur Verfügung?
- Wann wird routinemäßig ein Kaiserschnitt gemacht?
- Kann der Partner bei einem Kaiserschnitt mit in den OP?
- In welche Kinderklinik wird der Säugling im Notfall verlegt und besteht die Möglichkeit, dass die Mutter dort mit aufgenommen wird? Wie hoch ist die Verlegungsrate der Kinder?
- Wie oft nimmt die Klinik operative Entbindungen (Saugglocken- und Zangengeburten, Kaiserschnitte) oder Dammschnitte vor?

Hausgeburt

In Deutschland werden nur knapp ein Prozent aller Kinder zu Hause geboren. Eine Hausgeburt macht vielen Angst. In den Niederlanden ist man da furchtloser. Hier kommt ein Drittel aller Neugeborenen zu Hause auf die Welt. Geeignet ist eine Hausgeburt für jede gesunde Schwangere. Wichtig: Ihre Frau muss sich in ihrer Entscheidung absolut sicher sein und sollte sich keinesfalls zu einer Hausgeburt überreden lassen. Auch wichtig: Eine in der Hausgeburtshilfe erfahrene Hebamme, die mindestens zwei Jahre Erfahrungen in einer geburtenstarken Klinik gesammelt hat. Erkundigen Sie sich bei der Hebamme, wie viele Hausgeburten sie schon selbstständig und eigenverantwortlich betreut hat!

Tipp

HILFE FÜR DIE ZEIT DANACH

Außerdem brauchen Sie bei einer Hausgeburt wie auch bei einer ambulanten Entbindung in der Klinik oder einem Geburtshaus Hilfe im Haushalt, also jemanden, der Ihre Partnerin und gegebenenfalls weitere Kinder in den ersten Tagen nach der Geburt betreut und beim Kochen, Einkaufen und Putzen hilft.

Die Krankenkassen übernehmen bei einer Hausgeburt die Kosten für eine Haushaltshilfe, wenn niemand sonst (sprich: Sie selbst oder Verwandte) die Arbeit übernehmen kann.

Eine gute Vorbereitung auf die Geburt ist bei einer geplanten Hausgeburt das A und O. Außerdem sollte sicher sein, dass im Notfall der Transport ins nächste Krankenhaus nicht länger als eine Viertelstunde dauert.

Geburtshaus

Eine Alternative für alle, die sich eine Geburt zu Hause nicht vorstellen können, sich aber auch in einer Klinik nicht wohlfühlen, ist eine ambulante Entbindung in einem Geburtshaus. Ziel der Geburtshäuser ist es, den Frauen und Eltern eine möglichst selbstbestimmte Geburt zu ermöglichen, der natürliche Prozess und eine stressfreie Atmosphäre stehen dabei im Vordergrund.

Wichtig: Auch hier sollte gewährleistet sein, dass im Notfall der Transport ins nächste Krankenhaus nicht länger als eine Viertelstunde dauert. Die Geburtshaus-Hebammen betreuen die Eltern schon in der Schwangerschaft und übernehmen auch die Nachsorge zu Hause. Die Geburten sind in den meisten Fällen ambulant und Eltern samt Baby gehen nach ein paar Stunden wieder heim.

ES GEHT **LOS!**

- **Blasensprung:** Man kennt diese Szene aus Kinofilmen. Ein Pfütz-chen unter den Beinen der kugeligen Hollywood-Schönheit und der Zuschauer weiß: es kommt. Danach folgt meistens die Szene, in der die Schönheit mit einem ebenso schönen, gebadeten und gepu-derten Baby im Arm in einem wiederum sehr schönen Klinikzim-mer Audienz gibt und George Clooney bringt einen Blumenstrauß. Aber auch in unserer schnöden Lebenswirklichkeit geht es los, so-bald die Fruchtblase tröpfelt. Dann muss Ihre Frau sofort in die Klinik, denn im Fruchtwasser können sich relativ schnell Bakteri-en ausbreiten, sobald die Fruchtblase offen ist. Normalerweise be-ginnen dann auch die Wehen. Falls nicht, wird die Geburt nach spätestens 24 Stunden medikamentös eingeleitet. Also Klinikta-sche mitnehmen und ein paar dicke Handtücher zum Darunterle-gen auf dem Beifahrersitz nicht vergessen!

- **Wehenalarm:** Bei den meisten Frauen geht es mit Wehen los. Die kommen alle 20 bis 30 Minuten, manchmal hören sie auch wieder auf. Allerdings sind werdende Erstlingseltern oft schon zu früh in der Klinik – oft ist der junge, besorgte Vater daran Schuld. Dabei ist der Muttermund noch gar nicht weit genug geöffnet (ein Indiz dafür, dass es tatsächlich losgeht).Wundern Sie sich nicht, wenn die Hebamme Sie wieder nach Hause oder zum Spazierengehen schickt. Die Gute weiß Bescheid. Erst wenn die Wehen häufiger kommen, so etwa alle 5 Minuten und so heftig sind, dass sich Ihre Frau nicht mehr richtig mit Ihnen unterhalten kann, müssen Sie spätestens in die Klinik oder ins Geburtshaus.

- **Ihr Kleines hat es eilig** und bis zu Ihrer Supergebärklinik mit Aus-zeichnung und Gütesiegel, die Sie sich so sorgfältig ausgesucht und bei der Sie sich quasi schon kurz nach der Zeugung Ihres Schatzes angemeldet haben, brauchen Sie länger als zehn Minuten? Dann nichts wie in die nächstgelegene Klinik. Wenn Sie das Gefühl haben, die Zeit reicht nicht mehr: Gebären geht in jedem Krankenhaus mit Entbindungsstation. Und Sie werden auch aufgenommen, wenn Sie nicht angemeldet sind. Manche werden Sie sogar auf Händen hineintragen, denn nichts umwerben Krankenhäuser stärker als werdende Eltern.

- **Wohin mit dem Auto?** Tja, wenn's pressiert, auch direkt vor dem Eingang der Klinik oder des Geburtshauses. Die Zufahrt für die Rettungsdienste geht auch, da sollten Sie nur schnellstmöglich umparken, sobald Ihre Frau untergebracht ist.

- **PDA:** Die häufigste Schmerzbehandlung bei der Geburt ist die Periduralanästhesie. So kann Ihre Partnerin selbst entscheiden, wie stark sie den Schmerz spürt. Wichtig ist, dass die PDA rechtzeitig gelegt wird, da das Medikament 15 bis 20 Minuten braucht, um zu wirken. Mit PDA kann Ihre Partnerin auch noch herumgehen, braucht aber dazu (Ihre) Stütze. Babys, die unter einer PDA geboren werden, sind genauso fit wie Babys, deren Mütter keine Schmerzmittel bekommen haben, da nur ein sehr geringer Teil des Medikaments in ihren Körper gelangt.

- **Dammschnitt:** Gefürchtet bei vielen Schwangeren, dabei sind viele Ärzte heute zurückhaltender mit dem Durchschneiden des Gewebes im Dammbereich. Sinnvoll ist ein Schnitt aus medizinischen Gründen, wenn die kindlichen Herztöne absinken und es schnell gehen muss, wenn das Baby noch nicht ganz ausgereift ist, der Kopf dem Druck nicht standhalten kann oder wenn es sich um eine Saugglocken- oder Zangengeburt handelt. Bis zu einem gewissen Grad kann man dem Eingriff mit Dammmassagen und -gymnastik vorbeugen (lernt man im Geburtsvorbereitungskurs oder vom Frauenarzt), garantiert ist es allerdings nicht.

- **Handy aus?** In vielen Krankenhäusern sind Handys verboten, weil medizinische Geräte nach offizieller Lesart von den Funkwellen gestört werden könnten. Natürlich haben Kliniken auch etwas davon, wenn man notgedrungen an den Gebühren für ihre Festanschlüsse partizipiert. Richtig ist: Wenn Ihr angeschaltetes Handy vom CTG ca. einen Meter entfernt ist, macht das dem Apparat gar nichts. Sollten Sie oder Ihre Frau in den Wehen am Netz sein wollen, fragen Sie vorher. Ja, es kommt vor, dass selbst in den Wehen noch Facebook und WhatsApp angeworfen werden. Vielleicht dient es der Ablenkung vom Schmerz. Oder es ist nur eine Gewohnheit – ein Tick wie das Zupfen am Ohrläppchen. (Wie viele Facebooker fummeln am Morgen, gerade aufgewacht und bettwarm, schon gleich am Display herum?) Aber eigentlich brauchen Sie das Handy ja erst, wenn das Baby da ist. Dafür dürfen Sie es auf Nachfrage meist ohne Widerworte einschalten.

- **Gibt es etwas zu essen?** Im Kreißsaal normalerweise nicht und im Geburtshaus auch nicht. Am besten, Sie nehmen von zu Hause etwas mit. In der Klinik können Sie auch am Kiosk noch etwas besorgen. Eis schätzen viele Frauen sehr während der Geburt. Nehmen Sie vor allem reichlich zu trinken mit (Wasser, Tee). Vielleicht auch noch ein Sandwich, ein paar Nüsse, Obstschnitze oder Müsliriegel. Aber bloß nichts, was stark riecht: kein Leberwurstbrot, kein Roquefortkäse! Frauen in den Wehen haben superempfindliche Nasen.

- **Was mache ich nach der Geburt?** Wenn Sie nicht losziehen wollen, um die Ankunft Ihres Babys gebührend zu feiern, oder wenn Sie dabei waren und selbst ziemlich durch den Wind sind, gibt es dafür Familienzimmer in den Geburtskliniken. Die kosten pro Tag etwa 35 Euro. Es gibt aber auch Zwischenlösungen. Kein Krankenhaus wirft erschöpfte Erstväter in die Nacht hinaus, wenn das Kind da ist. Ein Bett lässt sich schnell dazustellen. Und wenigstens für eine Nacht findet sich meist auch ein Einzelzimmer.

GESCHAFFT!

Was genau passiert eigentlich in der ersten Zeit mit Ihrer Frau und Ihrem Baby? Die ersten Stunden nach der Geburt bleiben Sie mit Frau und Kind im Kreißsaal oder Geburtszimmer. Da Sie beide – und vor allem Ihre überaus tapfere Frau – unmittelbar nach dem Großereignis in einer Art glücklich-erschöpften Trance durchs neue Leben schweben, hier die Geschehnisse als kleine Übersicht:

Was danach passiert

Während Ihre Frau nach ihrer Herkules-Tat – Wehen heißen nicht umsonst so – versorgt wird (eventuell muss bei einem Dammriss oder –schnitt genäht werden), kommt die U1, die erste Untersuchung des Babys durch einen Kinderarzt, an die Reihe. Atmet es, schreit es, ist alles dran? Die U1 könnte wahrscheinlich auch ein Hufschmied durchführen, aber eine Person im weißen Kittel sorgt für die notwendige Autorität. Danach darf Ihre Frau aufstehen und schwankenden Schrittes die Dusche aufsuchen. Dabei helfen der galante Partner (Hinweis: damit sind Sie gemeint) oder die Hebamme, denn die ersten Schritte ohne Bauchvorbau sind oft unsicher und der Kreislauf auch nach der Geburt wackelig.

Anschließend geht es ins Zimmer auf der Wöchnerinnenstation oder – wenn Sie sich für eine ambulante Geburt entschieden haben – nach Hause. Wenn die Geburt problemlos verlaufen ist, ist Ihre Frau bald wieder fit. Trotzdem sollte sie es in den ersten sechs Wochen langsam angehen lassen und auch mal die Füße hochlegen dürfen. Das sogenannte Wochenbett, eine knapp zweiwöchige Erholungspause, beschleunigt die Rückbildungsprozesse im Körper. Da sind Sie gefragt, Ihr Organisationstalent und alle hilfreichen Geister in Ihrem Familien- und Freundesumfeld, derer Sie Herr werden können.

Sind wir hier beim Tierarzt?

Die U2 des Babys, die zweite Untersuchung, ist schon etwas intensiver: Sie findet nach drei bis zehn Lebenstagen statt und wird vom Kinderarzt durchgeführt, meistens in seiner Praxis. Sie werden verblüfft sein, wie sicher der Arzt mit Ihrem kleinen, großen Schatz umgeht. Er trägt ihn so nonchalant wie einen Hundewelpen umher. Wie bei jeder »U« werden Größe, Gewicht und sonstige Maße festgehalten, außerdem untersucht der Arzt das Kind auf bestimmte Krankheiten, deren Namen Sie nicht kennen müssen oder wollen. Bei der U3 nach vier bis fünf Wochen ist aus dem Neugeborenen ein Säugling geworden. Neben einer allgemeinen Untersuchung wird auch geschaut, ob es gut trinkt, ob die Reflexe funktionieren und ob die Hüfte richtig steht. Mehr müssen Sie nicht wissen, denn durch den Dschungel aller weiteren Us geleitet Sie nun der Kinderarzt. Bis zum neunten Lebensjahr wird es insgesamt neun Untersuchungen geben. Im »Gelben Heft«, das den Eltern bei der Geburt ausgehändigt wird, befinden sich zudem viele Informationen, wichtige Daten und oft auch schon individuelle Termine für Untersuchungen.

Fußnote

Übrigens: Die Geburt unserer zweiten Tochter Beatrice drei Jahre später verlief von den äußeren Umständen ähnlich dramatisch wie Lillys Geburt (Blitze, Donnergrollen), doch die Geburt selbst war erneut völlig komplikationslos. Vor allem für mich, denn ich saß ja vor der Tür. Noch eine irre Fußnote: Elisabetta, meine erste Tochter, wurde am 6. August geboren, am gleichen Tag wie meine Frau und mein Vater. Elisabetta wurde an jenem Tag geboren, als mein Vater seinen 60. Geburtstag feierte, und meine Tochter wird an jenem Tag 18 Jahre alt werden, wenn meine Frau ihren 50. Geburtstag feiert. *Mio dio*, das wird ein Fest werden – ich habe jetzt schon Kopfschmerzen.

TAGEBUCH EINER SCHNECKE

Irgendwann, zumeist nach zwei bis drei Tagen, können Sie das Krankenhaus verlassen. »Ihr Drei seid jetzt freie Bürger«, scherzte unser Arzt, ein kleiner Mann mit gewaltigem Schnauzbart und, wie es sich gehört, tiefer Stimme, die sedierender wirkte als Valium.

Jetzt geht's nach Hause

Dieser Abschiedsgruß jedenfalls ist spätestens der Moment, in dem sich die Panik mit ihren kalten Fangzähnen in Ihrem Nacken verbeißt. Wie soll das denn bitte funktionieren, so ganz allein daheim – keine kompetenten Hebammen und Krankenschwestern an jeder Ecke? Keine vertrauenserweckenden Doktoren, keine Schränke im Schwesternzimmer, randvoll mit guter, starker Medizin, falls es Probleme gibt? Kein Summer in Reichweite, nach dessen Betätigung sofort ein Mensch mit Ahnung und Autorität am Bett steht?

Andererseits können Sie es natürlich kaum erwarten, mit Frau und Kind nach Hause zu fahren. Die Verwandten warten; das Babyzimmer, an dem Sie so lange gebastelt und gestrichen haben, will endlich benutzt werden; die Freunde haben sich schon angekündigt, um das Baby zu sehen. Ja, das ganze, schöne Leben als Familie mit Nachwuchs liegt vor Ihnen. Aber die Sorge, all dem nicht gewachsen zu sein – die ist dennoch da, spätestens ab jenem wunderbaren Moment, an dem Sie Ihr Kind zum ersten Mal im Arm halten.

Allein der Transport des Kindes vom Krankenzimmer zum Parkplatz des Krankenhauses wird Sie mit ganz neuen Hindernissen bekannt machen, die Sie noch nie zuvor wahrgenommen haben. Feuerschutztüren. Gruppen von Menschen, die sich bewegen wie trunkene Elefanten. Mülleimer in unvermuteten Ecken. Fahrstuhltüren, die sich bösartig schnell schließen. Stolperfallen wie gemein platzierte Bordsteine.

Doch das ist noch nichts gegen die Autofahrt. Sie werden nie wieder so vorsichtig fahren wie auf dem Weg nach Hause mit Ihrer geschwächten Partnerin auf dem Beifahrersitz und dem Kind in der Sitzschale. Es ist, als würden Sie gleichzeitig rohe Eier und Wackersteine transportieren – beides unverpackt und im ganzen Auto wild durchgemischt. Sie werden bei Ihrer Kriechtour über den Asphalt der langsamste, höflichste und umsichtigste Verkehrsteilnehmer sein, vielleicht zum ersten Mal in Ihrem Leben. Ihr Lenkrad ist eng gefasst, Ihr Oberkörper ist vornüber gebeugt, genauso wie bei Ihrem Opa, wenn er mal am Sonntag sein Auto aus der Garage holte. Bislang haben Sie sich über ihn immer lustig gemacht. Jetzt tun Sie das nicht mehr …

Tipp

DER PERFEKTE HAUSHALTSMANAGER

Beim ersten Kind sind die ersten Tage zu Hause nicht gerade ein Krimi, aber trotzdem ziemlich spannend. Alles ist neu, das Baby eine windelfüllende Wundertüte und man selbst bei allen Glücksgefühlen und diesem Wahnsinnsstolz über das kleine Ding und auf die eigene Frau unsicher und aufgeregt. Wenn Sie jetzt schon Papa-Expertise zeigen wollen, hier die besten Tipps, die Ihre Frau zum Staunen bringen werden.

❯ **Nehmen Sie sich Urlaub.** Keine Ausrede gilt, und kein Auftrag kann jetzt wichtiger sein: Nehmen Sie in der ersten Zeit nach der Geburt ein paar Tage Urlaub, um für Ihre Familie da zu sein. Falls Sie sich keine Zeit nehmen können, organisieren Sie sich Hilfe durch Verwandtschaft, Freunde oder eine professionelle Pflege (das sollte Plan Z sein).

❯ **Seien Sie das perfekte Empfangskomitee.** Sehen Sie zu, dass alles zur Ankunft Ihres Babys vorbereitet ist, bevor Ihre beiden Süßen aus der Klinik nach Hause kommen. Vor allem, wenn das Baby doch früher als erwartet erscheint. Bei einer ambulanten Geburt mobilisieren Sie per Telefon alle hilfreichen Hände, derer Sie habhaft werden können. Am wichtigsten sind eine Wickelmöglichkeit im Bad oder Babyzimmer mit Windeleimer und Erstlingswindeln sowie Pflegeprodukten, das Körbchen, Bettchen oder der Stubenwagen (inklusive Bettwäsche) und gewaschene Babysachen.

❯ **Managen Sie den Haushalt.** Putzen, Waschen, Einkaufen, Kochen (siehe auch Seite 127 ff.) – wenn Sie nicht über ausreichendes Personal verfügen, sind das jetzt Ihre Jobs. Gönnen Sie Ihrer Frau den Schongang, sie hat es mehr als verdient. Und: Sorgen Sie dafür, dass alles tipptopp aussieht, wenn die beiden heimkommen. Das freut Ihre Frau und gibt ihr die Sicherheit, dass das Baby in ein sauberes Nest kommt. Also: gründlich staubsaugen, abspülen, die Küche putzen (Oberflächen abwischen!). Alle Zimmer gründlich lüften und gegebenenfalls heizen, das Bad putzen, Wäsche waschen und die Betten frisch beziehen. Nicht vergessen: den Kühlschrank mit Lieblingsessen und Wohlfühl-Lebensmitteln (siehe Seite 132) füllen.

❯ **Erledigen Sie alles Administrative.** Ihr Baby muss auf dem Standesamt angemeldet werden – sofern das nicht die Geburtsklinik übernommen hat – und die Kindergeldstelle muss benachrichtigt werden (siehe auch Seite 64 f.). Dann stehen die Termine mit der Nachsorge-Hebamme oder dem Kinderarzt an. Hat Ihre Frau schon einen Rückbildungskurs gebucht? Wenn nicht, erinnern Sie sie daran. Das hilft ihr dabei, körperlich und seelisch nach den Strapazen von Schwangerschaft und Geburt ins Lot zu kommen. Die Kurse werden in Kliniken und Geburtshäusern angeboten. Der Versand von Geburtsanzeigen an Freunde und Verwandte sollte Ihr Job sein, auch das entlastet Ihre Frau.

❯ **Bleiben Sie cool.** Nach der Geburt erlebt Ihre Frau hormonelle Chaostage, da sich der Körper nach der Schwangerschaft wieder auf ein Normalmaß einpendelt. Wenn Ihre Frau in dieser Zeit gereizter oder weinerlicher ist, nehmen Sie es wie ein Mann. Auch wenn sie unsicher ist, weil es mit dem Stillen vielleicht nicht so einfach ist wie erhofft oder weil der Bauch nicht gleich wieder flach ist – beruhigen Sie sie, bleiben wenigstens Sie tiefenentspannt.

❯ **Blocken Sie Stress ab.** Natürlich wollen Oma, Opa, Onkel, Tante und alle Freunde das Baby sehen, herzen und knipsen – so nett das gemeint ist, für Mutter und Kind sind viele Besuche und ständige Telefonate schnell anstrengend. Mutieren Sie zum Haushofmeister, organisieren Sie die Besuche generalstabsmäßig und blocken Sie den einen oder anderen Gast einfach ab. Denken Sie an Napoleon: »Im Krieg und in der Liebe ist alles erlaubt«, und das gilt auch für die Frucht Ihrer Liebe; eine Notlüge ist völlig in Ordnung und erspart Scherereien. (»Das Kleine ist heute etwas fiebrig und braucht Ruhe.«)

Home, sweet home!

Und dann sind Sie zu Hause. (Passen Sie bloß auf die Stufen auf!) Sie glauben, Sie haben es geschafft. Das haben Sie auch – aber Sie haben nur die allererste Etappe einer langen Reise absolviert. Denn jetzt geht das Abenteuer erst richtig los.

Bloß gut, dass das Begrüßungskomitee bei uns schon wartete. In meinem Fall waren es die Schwiegereltern und die Brüder meiner Frau, die natürlich die Wohnung entsprechend dekoriert hatten. Eine rosa Schleife an der Tür, ein Willkommensgruß an Elisabetta quer über den Flur gespannt, mehrere gigantische Blumensträuße von Menschen, von denen ich noch nie gehört hatte, sogar ein Telegramm – das erste und letzte Telegramm, das ich je in meinem Leben erhalten habe – und eine leckere hausgemachte Lasagne für die jungen Eltern. Meine Schwiegermutter riss sofort meine Tochter an sich und nahm auf unserem Schaukelstuhl Platz. Der Schaukelstuhl! Ich wusste lange nie, was der bei uns im Wohnzimmer eigentlich zu suchen hatte. Aber versuchen Sie mal, mit einer Italienerin über Fragen der Inneneinrichtung zu diskutieren. Dann raunte uns meine Schwiegermutter zu, dass wir uns nun erst einmal erholen dürfen – sie würde das Kind schon schaukeln. Aha, daher kommen also diese Redewendungen.

Elisabetta kam im Sommer zur Welt, in der Woche der Hauptferienzeit der Italiener. Und da wir auf einer Insel wohnen, die sich für Ferien ausgezeichnet eignet, riss der Besucherstrom nicht ab. Es gab Küsse und Umarmungen, jeder wollte mal die Kleine halten. Selbst Nachbarn von der gegenüberliegenden Straßenseite, die wir zuvor einmal pro Monat gesehen hatten und namentlich nicht kannten, hatten Tränen in den Augen. Nein, niemand ist auf dieser Welt allein. Und auch wenn Sie kein italienisches Dorf im Kreuz haben, werden Sie von dieser Solidaritätswelle, die von allen Seiten angerollt kommt, umgehauen werden. Niemand ist allein – versprochen. Sie werden es auch nicht sein.

DA-DA-DA! BABYNEWS

Sie platzen vor Glück. Und, glauben Sie mir, ich freue mich mit Ihnen. Und überhaupt mit jedem jungen Vater. Ich bin, wie wohl jede einigermaßen vernunftbegabte Person, gern von euphorischen, gut gelaunten Menschen umgeben. (Außer beim Fußball im Park, da kann es mir nicht schlecht gelaunt genug zugehen – ich bin ein Kind der Achtzigerjahre und mit den eisenharten und humorlosen Förster-Brüdern aufgewachsen, aber das ist eine andere Geschichte.)

Trotzdem möchte ich Sie warnen: Ja, schreien Sie Ihre Vaterfreuden in die Welt hinaus. Aber nehmen Sie sich irgendwann auch wieder zurück, sonst wird es für alle Beteiligten peinlich und unangenehm. Hier kommen ein paar Tipps, wie Sie Ihre überbordende Euphorie elegant kanalisieren können – und wie Sie es lieber lassen sollten.

Vor der Geburt

- Sie können die Nachricht vom Nachwuchs schon ab dem ersten positiven Schwangerschaftstest Ihren Eltern erzählen, aber erst ab dem dritten Monat sollten Sie es den Freunden mitteilen. Ja, gerade in den ersten Wochen kann leider viel schief gehen, und es gibt nichts Schlimmeres, noch Monate später unwissenden Nachfragern erklären zu müssen, dass es nun doch nichts wird mit dem Baby.

- Sie haben schon seit Jahren keinen echten Brief mehr geschrieben? Ein handgeschriebener Brief an die engsten Freunde und Verwandte macht richtig Eindruck. Machen Sie sich die Mühe; es reichen ein paar Zeilen gemeinsam mit einer Ultraschallaufnahme. Sie müssen nichts Poetisches schreiben, die Nachricht selbst hat ja schon genug Tiefe und Charme. »Liebe Tante Gertrude, wir sind überglücklich. Laura und Stefan« reicht völlig. Möglicherweise tun Sie damit auch etwas für Ihre Position in Erbschaftsangelegenheiten.

- Eine Ultraschallaufnahme auf Facebook zu posten ist völlig okay. Das wäre noch vor ein paar Jahren unmöglich gewesen, aber der Zug der Privatheit ist ja spätestens im Jahr 2010 abgefahren. Außerdem erkennt man auf den Aufnahmen ohnehin nichts.

- »Die Fruchtblase ist geplatzt, ich muss los«, schrieb ein Arbeitskollege von mir per E-Mail an den gesamten hausinternen Verteiler, bevor er aus dem Büro stürmte. Also bitte: nicht zu viele Details.

Nach der Geburt

- Bei engsten Freunden und Verwandten zählt nur der Anruf. Eine SMS oder eine Whatsapp- oder Facebook-Nachricht wird dem Ereignis einfach nicht gerecht. Für den erweiterten Verwandtschafts- und Freundeskreis darf es wiederum etwas kurzes Handschriftliches sein. Die Adressen haben Sie ja noch von den Ultraschall-Verschickungen.

- Wenn Sie keine Berühmtheit sind und die Fotos an Bunte und Gala verkaufen können, dann ist gegen ein Foto des jungen, gewachsenen Familienglücks auf Facebook nichts einzuwenden, damit es nun wirklich alle wissen.

- Tappen Sie aber nicht in die Facebook-Babyfalle, auch wenn das Internet in den ersten Wochen nahezu Ihren einzigen Kontakt zur Außenwelt darstellt. Zum einen gehen Sie mit täglichen Updates der Fortschritte Ihres Babys ziemlich schnell allen auf die Nerven, die nicht unmittelbare Verwandte sind. Setzen Sie sich nicht dem Verdacht der übel beleumundeten Like-Bettelei aus. Zum anderen vergisst das Internet nichts. Und wenn Ihr Baby mal Bundeskanzler(in) werden sollte – will er oder sie dann wirklich via Google daran erinnert werden, dass er oder sie mit 13 Monaten im Restaurant fünf Mal die Windeln voll gemacht und Eltern und Nebentisch zur Verzweiflung getrieben hat?

Info

SKURRILE BRÄUCHE

❯ In meiner Heimat Niedersachsen hat das Babypinkeln (oder die »Pinkelparty« oder »Pullerparty«) eine große Tradition. Hier eine kleine Anleitung: **Herzlose Männer feiern die Pinkelparty schon, wenn Frau und Baby noch im Krankenhaus sind,** und es werden nur männliche Gäste eingeladen. Aber dieser maskuline Aspekt schleift sich offenbar allmählich ab. Seien Sie ein Gentleman und warten Sie bis Frau und Baby daheim sind. Angeblich heißt es Pinkelparty, weil jenen Freunden, die vom nackten Säugling beim Halten angepinkelt werden, sieben Jahre lang Glück beschert ist. Eine andere Theorie sagt, der Umtrunk solle dem Neugeborenen durch den Genuss der Getränke symbolisch beim Wasserlassen helfen, damit es keine Schmerzen erleidet. Trinken für den Familienfrieden, sozusagen. Es gehört sich, dass die Gäste ein paar Sachen zum Essen und Trinken mitbringen. Wichtig: Die Pinkelparty muss nicht gleich nach der Geburt erfolgen, aber in jedem Fall vor der Taufe.

❯ **Falls Sie nicht aus dem Norden stammen,** hier noch ein paar Rituale, die sich von Region zu Region unterscheiden: Beim »Bäumchenstellen«, besonders auf Dörfern ein beliebter Brauch, werden Bäume mit gebrauchter Babykleidung und Spielsachen behängt, alternativ werden Wäscheleinen gespannt.

❯ In Ostfriesland wird zum Babypinkeln, das dort Kindskiek heißt, Bohntjesopp oder Sinbohntjesopp serviert, keine Bohnensuppe, sondern ein Getränk aus Branntwein, Rosinen und Kluntje. Und selbst in der deutschsprachigen Schweiz findet sich ein ähnlicher Brauch, nämlich das Iischwemmä, »Einschwemmen«. Nur vordergründig geht es dabei um Babys Ausscheidungen, sondern eher um das Aufnehmen alkoholischer Getränke im Freundeskreis.

Tipp

TO DOS FÜR ERST-VÄTER

Das Thema Sich-um-die-Familie-Kümmern wird Sie so schnell nicht los-
lassen, denn jetzt geht es los mit allerlei Behördenkram. Typisch
deutsch? Nein, jeder Staat, der einen neuen Bürger begrüßt, streckt
seine Fangarme voller Formulare aus. Immerhin bietet er aber auch
jede Menge Unterstützung an. Welche Hilfen es gibt und wie Sie sie in
Anspruch nehmen können, steht hier:

❯ **Baby anmelden** – So bekommen Sie das erste Dokument für Ihr
Baby, die Geburtsurkunde. Die Anmeldung erfolgt immer beim zustän-
digen Standesamt am Geburtsort des Kindes und muss in der Regel
innerhalb einer Woche nach der Geburt passieren. In manchen Fällen
übernimmt auch die Klinik den Behördengang. Erkundigen Sie sich
zuvor und halten Sie alle nötigen Unterlagen bereit.

❯ Anmeldung Ihres Babys bei der **Krankenversicherung** – Die Anmeldung erfolgt bei der Krankenkasse, bei der der berufstätige beziehungsweise höher verdienende Elternteil versichert ist. Dazu vorab die
Krankenkasse telefonisch, per Post oder per Email benachrichtigen.
Dann erhalten Sie ein Formular, das Sie ausfüllen müssen und zusammen mit der Geburtsurkunde des Kindes bei Ihrer Krankenkasse ein-
reichen. Nach etwa 14 Tagen erhalten Sie für Ihr Baby eine eigene Versicherungskarte.

❯ Anmeldung des Babys beim **Einwohnermeldeamt** – Dazu brauchen
Sie Ihre beiden Personalausweise oder Pässe, Ihre Lohnsteuerkarte
(bei Änderungen auch die der Ehepartnerin), die Geburtsurkunde Ihres
Babys und gegebenenfalls die Vaterschaftsanerkennung.

> Beantragung von **Elterngeld** – Das Elterngeld erhalten Sie oder Ihre Partnerin zwölf Monate lang von der Geburt Ihres Kindes an. Es wird um zwei weitere Monate verlängert, wenn auch der andere Elternteil Elternzeit nimmt. Die Aufteilung ist flexibel. In den ersten sieben Monaten kann das Elterngeld von Ihnen beiden gemeinsam bezogen werden. Das Elterngeld beträgt 67 Prozent des durchschnittlichen Netto-Einkommens der letzten zwölf Monate vor der Geburt von dem Elternteil, der sich nach der Geburt zu Hause in erster Linie um das Kind kümmert. Beantragt wird es bei der Gemeinde- oder Stadtverwaltung. Adressen der zuständigen Behörden finden Sie auch in der Broschüre »Elterngeld und Elternzeit« vom Bundesfamilienministerium (www. bmfsfj.de zum Herunterladen oder Bestellen, auch unter www.elterngeld.de)

> **Elternzeit** – Berufstätige können sich bei Arbeitsplatzgarantie beurlauben lassen und sich 36 Monate lang um ihr Kind kümmern. Das gilt für alle Mütter und Väter. Getrennt lebende Eltern können nach Belieben beide Elternzeit nehmen.

> **Kindergeld und Kinderzuschlag** – Ab der Geburt Ihres ersten Kindes erhalten Sie zurzeit monatlich für Ihre ersten zwei Kinder je 184 Euro, für das dritte Kind 190 Euro und für jedes weitere 215 Euro, mindestens bis zum 18. Lebensjahr der Kinder. Aktuelle Infos erhalten Sie unter www.arbeitsagentur.de.

> **Steuertipp für später** – Alleinerziehende und Paare, die Vollzeit arbeiten, können zwei Drittel der Kinderbetreuungskosten nach Vorlage entsprechender Nachweise beim Finanzamt absetzen. Bis zu 4000 Euro pro Jahr und Kind (unter 14 Jahren) sind möglich.

DEN BUSEN TEILEN

Die Siebzigerjahre des letzten Jahrhunderts haben uns viel Schlimmes eingebrockt: die Ölkrise, die Machtergreifung der Mullahs im Iran, Elton John. Und es war auch jene Zeit, in der das Stillen irgendwie politisch inkorrekt wurde; gut möglich, dass Sie selbst ein Kind der Siebzigerjahre sind, das schon ab Tag eins die Flasche bekommen hat und nie vergnügt an der Brust nuckeln durfte. Aus einem kruden Selbstbestimmungsrecht heraus (à la »Meine Brust gehört mir«) wurden Mutter und Kind als Individuen gesehen, die möglichst unabhängig voneinander existieren sollten, und die Frau sollte ja nicht in die »Mutterrolle« gedrängt werden. Die Angst vor Schadstoffen in der Muttermilch passte ebenfalls gut in die Zeit.

Der Zaubertrank

Inzwischen ist wissenschaftlich belegt, dass Kinder, die gestillt werden, jede Menge Startvorteile haben. Das Baby bekommt die optimale Nahrung in der verträglichsten Temperatur, dazu die kuschelige Nähe zur Mama. Muttermilch ist ein echter Zaubertrank, der den genießenden Gnom nicht nur mit Proteinen, sondern auch mit Immunschutz versorgt. Gestillte Kinder leiden beispielsweise nachweislich seltener unter Allergien. Außerdem ist Muttermilch bekömmlicher für das kleine Verdauungssystem, das noch längst nicht voll ausgebildet ist. Doch auch die Mütter haben viel vom Stillen; so wird die Rückbildung der Gebärmutter durch die Ausschüttung von bestimmten Hormonen gefördert, auch das Abnehmen nach der Entbindung wird unterstützt. Einige Studien behaupten gar, stillende Mütter hätten ein geringeres Krebsrisiko. Und auch etwas esoterisch klingende Argumente wie »Stärkung der Mutter-Kind-Bindung« oder »Stärkung des Selbstbewusstseins der Mutter« finden sich in der Fachliteratur.

In jedem Fall ist dank Ihrer wunderbaren Frau stets genügend Nahrung in der richtigen Zusammensetzung für Ihr Baby vorhanden. Das macht sie außerdem auch unabhängig und auch räumlich flexibel, weil sie das Kleine auch problemlos unterwegs versorgen kann. Auch Sie haben etwas davon: Sie müssen sich zunächst nicht um die Essenszubereitung kümmern.

Und außerdem: Ist »Stillen« nicht ein wunderschönes Wort? Wenn Ihre Frau schlau und nicht durch Krankheiten verhindert ist, dann wird sie stillen. Dass übrigens viele Stillratgeber ausführlich auf das Thema Brustpiercing eingehen (Zitat aus der Fachliteratur: »Erfahrungsberichten zufolge soll es bei horizontalen Piercings weniger Probleme geben als bei vertikalen«), ist ein Zeichen der Moderne. Auch schön: »Wundern Sie sich nicht, wenn aus dem Stechloch Milch herausläuft – das ist völlig harmlos.« Das wissen Sie jetzt also auch.

Info

SCHRÄGE ZEITEN

Unter stillenden Müttern ein sehr weit verbreitetes Phänomen ist die sogenannte Stilldemenz – ein politisch ziemlich unkorrektes Wort, das **einen depressiv-abwesenden Zustand Ihrer Frau** beschreibt. Wenngleich exakte Studien fehlen, erfahren tatsächlich viele junge Mütter in den Wochen und Monaten nach der Geburt ihres Kindes eine **emotionale Achterbahnfahrt ohne Gurtsicherung.** Sie sind unter Umständen launisch, vergesslich und bekommen selbst simpelste Dinge des Alltags nur mit viel Mühen hin. Seien Sie also ein echter Gentleman und nehmen Sie Ihrer Frau möglichst viel ab.

Nur kein Neid!

Klar, das ist alles zunächst nicht Ihr Bereich. Vielleicht werden Sie sogar neidisch auf den kleinen Nuckler sein oder auf die geradezu magische Zweisamkeit zwischen Mutter und Kind während des Stillens.

»Hungeeeeeer!«

Wann hat das Baby Hunger? Klar, wenn es schreit. Aber es gibt noch ein paar subtilere Hinweise, auf die auch ein Vater durchaus achten darf. Wenn es etwa den Kopf hin und her dreht, dann sucht es die Brust. Saugbewegungen mit dem Mündchen oder das Lecken der Lippen deuten ebenfalls darauf hin, dass es jetzt einen ordentlichen Proteindrink vertragen könnte.

Ein angespannter Körper mit geballten Fäustchen deutet zwar auch auf Hunger hin, aber meistens geht diese unleidliche Gestik mit Schreien einher, so dass Sie auf jeden Fall Bescheid wissen.

Stillen light

Den größten Gefallen, den Sie Ihrer Frau tun können: Geben Sie dem Baby auch mal die Muttermilch. Mit einer Milchpumpe (elektrisch oder per Hand) kann Ihre Frau sich selbst anzapfen; die Milch hält sich bis zu drei Tage in einem Kühlschrank bei vier bis sechs Grad und sogar viele Wochen in einem Gefrierschrank bei minus 18 Grad. Das bedeutet, dass Ihre Frau auch einmal ihre Freundinnen treffen, shoppen oder sich sonstwie entspannen kann – oder einfach nur mal weiterschlafen darf. Das Ganze ist zwar etwas aufwendig, aber Ihre Frau wird Sie dafür lieben, dass auch Sie mal das Kind, nun ja, stillen. Und auch für Sie ist das eine äußerst angenehme Erfahrung: Sie werden sich irgendwie bedeutend fühlen. Cool und bedeutend: Mehr Argumente muss man doch einem Mann nicht geben!

Das sagt die Wissenschaft

KUSCHELHORMON OXYTOCIN

Fertig? Fertig. Also los: »Die Primärstruktur des humanen Peptids Oxytocin **besteht aus neun Aminosäuren mit der Sequenz CYIQNCPLG.** Die beiden Cystein-Reste bilden eine Disulfidbrücke. Die Struktur von Oxytocin ist sehr ähnlich dem Vasopressin, ebenfalls ein Nanopeptid (CYFQNCPRG) mit einer Disulfidbrücke, dessen Sequenz sich in zwei Aminosäuren unterscheidet.«

Damit ist den meisten von uns ja wohl alles klar, sofern Sie ein Biologie- oder Medizinstudium absolviert haben.

Falls nicht: Oxytocin ist ein richtiges kleines **Wunderhormon, das unser Leben lebenswert macht.** Das gilt vor allem für junge Mütter. Es leitet die Geburtswehen ein, sorgt für die körperlichen Abläufe, die das Stillen ermöglichen und verstärkt die Bindung zwischen Mutter und Kind. Auch Babys erhöhen ihre Oxytocin-Ausschüttung, während sie an Mamas Brust nuckeln. Und für die wohlige Entspanntheit nach dem Orgasmus dürfen wir ebenfalls dem Oxytocin danken. Paare streiten übrigens auch viel weniger, wenn man ihnen präventiv nasal ordentliche Oxytocin-Dosen verabreicht.

Vertrauen, Ruhe, Liebe: All das kann dieses großartige Hormon auslösen und verstärken. Selbst das Vorsingen kann bei Vater, Mutter und Baby wohlige Oxytocin-Schübe auslösen. Kein Wunder, dass Oxytocin die Beinamen »Kuschelhormon« und sogar »Treuehormon« hat – im Tierversuch scheint der Oxytocin-Pegel nämlich über Monogamie oder Polygamie zu entscheiden.

Ach, man müsste es in Flaschen kaufen können. Das kann man sogar, zumindest online. Doch die Wirksamkeit des Sprays ist höchst umstritten. Finger weg davon: Sorgen Sie lieber für reichlich natürliche Ausschüttungsprozesse.

Info

STILL-HILFEN

Neueste Studien zeigen, dass stillende Mütter weder bestimmte Nahrungsmittel meiden noch vermehrt zu sich nehmen müssen. Am besten ist eine ausgewogene Ernährung aus viel Obst und Gemüse, ausreichend Getreideprodukten (Nudeln, Reis & Co) und Kartoffeln, eher weniger Fleisch und Milchprodukte, wenig Fett und Süßigkeiten. Auch muss die Stillende nicht für zwei essen.

Entwarnung gibt es für die Enthaltsamkeit von Kohl, Zwiebeln oder Hülsenfrüchten, weil das Kind sonst Blähungen bekommen könnte. Hierfür gibt es keine wissenschaftlichen Beweise. Auch bestimmte Obst- und Gemüsesorten sollten nicht vom Speiseplan verschwinden. Es ist nicht nachgewiesen, dass säurehaltiges Obst wie Orangen oder Beeren den pH-Wert der Milch verändern. Ernährungswissenschaftler empfehlen: einfach ausprobieren, was dem Kind gut tut. Auch Nahrungsmittel, die angeblich milchbildend wirken, sind nicht unbedingt nötig. Weder Milch noch Milchbildungstee oder gar Bier – das ist wegen seines Alkoholgehalts eh tabu – steigern nachweislich das Milchvolumen. Viel wichtiger ist, dass die Stillende wirklich entspannt beim Stillen.

Und: **Viel Trinken** – in der Regel zwei bis drei Liter täglich. Natriumarmes Mineralwasser ohne Kohlensäure, verdünnte Säfte oder ungesüßte Kräuter- oder Früchtetees, praktischerweise mit Strohhalm, dann geht auch beim Stillen nichts daneben (und Sie schinden Eindruck als Super-Gatte, wenn Sie die Getränke mit Strohhalm darreichen).

Nicht übertreiben sollte es Ihre Frau allerdings mit Koffein und Teein, die auf die Muttermilch übergehen. Babys können davon nervös und unruhig werden. **Und was ist mit Alkohol?** Abends nach dem letzten Stillen ist ab und zu auch mal ein Gläschen erlaubt, wenn danach **mindestens** über eine Stunde Stillpause liegt.

Top Ten: Fehler, die Sie im Umgang mit Ihrer Frau jetzt vermeiden sollten

1. Sie reden Ihre Frau nur noch mit »Mama« an.
2. Sie schenken ihr zum Geburtstag nützliche Sachen fürs Kind.
3. Sie bewundern lauthals Heidi Klum oder Michelle Hunziker dafür, wie schnell sie nach ihren Geburten wieder in Form kamen.
4. Wenn sich Ihre Frau und Ihre Schwiegermutter um eine Erziehungsfrage streiten, stimmen Sie Ihrer Schwiegermutter zu. (Tun Sie es nicht. Auch wenn der alte Drachen Recht hat. *Besonders nicht,* wenn der alte Drachen Recht hat.)
5. Sie schäkern mit anderen Mamis. Frauen mögen das ohnehin nicht – aber vor allem nicht als junge, hilflose und sich noch leicht aufgedunsen fühlende Mutter.
6. Sie machen ihr Vorwürfe, viel zu besorgt zu sein und bei jedem Husten den Arzt rufen zu wollen. Ja, Sie sollen Ruhe ausstrahlen. Die Betonung liegt hier auf ausstrahlen. »Sei nicht so nervös« ist der beste Ratschlag, um jemanden noch nervöser zu machen.
7. Sie vermeiden Sex. Insiderinformation vom anderen Geschlecht: Ja, Ihre Frau mag keine Lust auf Sex haben. Aber sie fühlt sich durchaus geschmeichelt, wenn Sie es zumindest versuchen.
8. Sie urteilen bei der Auswahl des Au-Pair-Mädchens allzu offensichtlich nach den zugesandten Fotos.
9. Sie drücken sich um den Dienst an der Windel.
10. Sie sitzen nach drei Tagen schon wieder im Büro.

P.S.: Der Satz ist Ihnen schon einmal begegnet, aber er ist so wichtig, dass ich ihn in dem Beziehungszusammenhang gern noch einmal wiederhole. Zudem erhielt ich ihn von einem spanischen Kollegen. Er lautet (denken Sie sich für den besseren Effekt die tiefe Stimme und den spanischen Akzent dazu): »Behandeln Sie Ihrrre Frrrau nicht wie die Mutterrr Ihrrres Kindes. Behandeln Sie sie wie eine Frrrau.«

Das Leben, neu erfunden

ALLES IST ANDERS

Man traut sich ja nichts. Dieses wunderbare Wesen vor dir, das leise schreit – wie fasst man es an? Was will es dir sagen? Geht es ihm gut? Sollten wir nicht doch lieber vorsichtshalber den Kinderarzt anrufen? Man kann sich kaum vorstellen, wie winzig das Wesen ist. Im gewöhnlichen Leben ohne größere Kindberührungen nimmt man Babys bei anderen Eltern, wenn überhaupt, frühestens ab ein paar Lebensmonaten wahr – wann hat man als junger Mann schon einmal ein nur wenige Tage altes Baby im Arm? Ich jedenfalls kann mich nicht daran erinnern, als Erwachsener überhaupt jemals mit einem sehr kleinen Kind auch nur gespielt zu haben. Babys waren für mich wie Zimmerpflanzen – ich registrierte sie aus den Augenwinkeln, aber wirklich interessieren taten sie mich nicht. (Die wenigen Zimmerpflanzen, die ich in meinem Leben besessen hatte – meist gutgemeinte Geburtstagsgeschenke – hatten in mir einen echten Rabenvater gefunden und alsbald Suizid begangen.)

Vätermüdigkeit ist Heldentum!

Ja, als Neu-Papa sind Sie vom ersten Tag an voll gefordert. Und wie immer Sie sich Ihr Leben vor der Geburt vorgestellt haben: Es wird von nun an ganz anders sein. Einerseits, klar, schlafen Sie schlecht. Ich glaube aber, dass die Natur uns Jungvätern hilft und unserem inneren, müden Schweinehund ein paar gewaltige Tritte in den Hintern verpasst. Ja, Sie werden müde sein, und doch sind Sie gleichzeitig glücklich – und damit topfit. So ging es jedenfalls mir; eine Vätermüdigkeit ist etwas anderes als eine durchgearbeitete Nacht, obwohl Sie in beiden Fällen kaum zum Schlafen kommen. Vätermüdigkeit ist schließlich Müdigkeit mit einem tieferen Sinn. Und deswegen steckt man sie auch überraschend gut weg. Augenringe sind wie Tapferkeitsmedaillen und müssen mit Stolz getragen werden!

Immerhin, das Halten des winzigen Wesens geht dann doch ganz schnell recht gut. Und es fühlt sich gut an. Ach was, »gut« – Sie werden der verschmusteste Vater der Welt werden. Manchmal bleibt Ihnen auch nichts anderes übrig: Das Baby schläft in Ihren Armen oder gar auf Ihnen nur in einer ganz bestimmten Position ein, in der Sie möglicherweise stundenlang ausharren müssen, um den Geräuschpegel in der Wohnung erträglich zu halten. Betrachten Sie es, wenn Sie mit allmählich einschlafenden Gliedmaßen halb auf dem Sofa sitzen und halb liegen, als interessanten isometrischen Workout.

Über das Windelnwechseln kann ich Ihnen dagegen wenig heroische Überhöhung liefern: Es stinkt, es nervt, es muss gemacht werden. Bereiten Sie sich auch auf die Blähungen vor, unter denen Ihr Säugling bald leiden wird. Der Geruch ist nicht so schlimm wie bei Großonkel Heinrich mit seinem Reizdarm, aber eben auch kein Rosenduft.

Wenn Sie zum zweiten oder dritten Mal Vater werden, dann kennen Sie schon alles von Baby Nummer eins. Dennoch ist das Gefühl jedes Mal wieder aufs Neue großartig, für einen so unglaublich winzigen Menschen verantwortlich zu sein. Wahrscheinlich wäre das auch noch bei Kind Nummer sieben oder fünfzehn so. Unsere Beatrice kam zur Welt als Elisabetta drei Jahre alt war und damit erste Babysitteraufgaben erledigen konnte. Das war eine tolle Hilfe, wobei man sich als halbwegs fantasiebegabter Mensch immer Sorgen macht, dass irgendwas Furchtbares passiert, man liest ja so viel – dass die älteste Tochter die jüngste mit Spielzeug füttert oder aus Fürsorge mit mehreren Kissen zudeckt. Es ist natürlich alles Unsinn. Aber als junger Vater werden Sie – und das ist leider eine echte Schattenseite Ihres neuen Daseins – ein »Worrier«, ein sorgenbeladener Mensch. Wie oft bin ich nachts ins Kinderzimmer gegangen, weil ich so gar nichts mehr hörte! Ja, auch Stille kann qualvoll sein. In der wichtigen Jung-Eltern-Disziplin des Sich-Nicht-Sorgens war Laura klar besser als ich. Es soll oft genug auch andersherum sein.

MEILENSTEINE: DAS KANN IHR BABY ALLES

Menschenbabys kommen ja im Gegensatz zu kleinen Schimpansen und Delfinen vergleichsweise unreif zur Welt. Das kommt im ersten Jahr an Staunenswertem auf Sie zu:

Monat 1

- Ende der dritten Woche dreht Ihr Kleines seinen Kopf zu Geräuschquellen hin. Mit vier Wochen kann es Sie schon nachmachen, zumindest dem Ton nach: Es passt sich Ihrer Stimme an – es wird ruhig, wenn Sie ruhig klingen, und es regt sich auf, wenn Sie beim Fußballschauen außer Rand und Band geraten. Jetzt lustig: mit dem Baby außerirdische Gespräche führen. Fragen Sie es etwas – es wird Ihnen »antworten«.
- Anfangs können Babys noch kaum etwas erkennen, nach ein paar Wochen funktioniert das in einem Abstand von 20 Zentimetern aber schon ganz gut. Und: Na, endlich! Es kann Sie von Ihrer Frau unterscheiden. Lächeln Sie es oft an und gewinnen Sie Charmepunkte. Und tragen Sie etwas Rotes. Babys Lieblingsfarbe.
- Babys können hervorragend riechen und auch schon recht gut schmecken. Der absolute Lieblingsgeschmack: süß. Lieblingsdrink: (Mutter-) Milch.
- Babys lernen in den ersten Wochen über die Haut. Deshalb: Streicheln, Massieren und nochmal Streicheln.

Monat 2 und 3

- Hier sind Sie im Nachteil, außer Sie beherrschen Falsett. Baby mag jetzt hohe Stimmlagen und reagiert mit Sprechübungen: ah, eh, ich, oh, uh. Ihre Chance: Die Kleinen finden jetzt auch »dutzi-dutzi« und »killekille« lustig. Wenn das unter Ihrer Würde ist, ziehen Sie die Spieluhr auf und machen ein freundliches Gesicht.

- Nachdem Ihr Baby interessiert seine eigenen Hände und Füße erkundet hat, wird es im dritten Monat spannend. Jetzt kann es aus jeder Entfernung Gegenstände erkennen, darunter auch Sie. Das freut Baby meistens auch. Sie können jetzt mit der Frühförderung beginnen und Fühl-Bilderbücher mit ihm durchblättern. Am besten immer wieder dasselbe. Babys sind da ausdauernd.

- Mit dem Riechen klappt es immer besser. Mamas Geruch ist der Lieblingsduft. Wenn Sie allerdings zurückhaltend mit Deos und Rasierwasser sind, können Sie auch punkten.

- Chill-out in der Badewanne auch mit Papa finden die Kleinen jetzt besonders toll, und Sie können sich auch etwas entspannen, sofern Ihre Frau das Abtrocknen, Wickeln und Anziehen des Babys übernimmt.

Monat 4 bis 6

- Ihr Baby wird immer schlauer, kann jetzt einen Gegenstand fokussieren, danach greifen und damit Lärm machen. Zeit für Rasseln und Kuscheltiere und Puppen mit Eigennamen. Ja, und noch ein neues Spiel, das Spaß macht: Auf der Hitliste stehen »Kuckuck« und Versteckspiele. Bilderbücher sind auch beliebt.

- Ab etwa einem halben Jahr ist Babys das Stillen manchmal zu langweilig. Jetzt beginnt die Erziehung zur Gourmandise: Ihre Stunde als Küchenchef Ihres kleinen Lieblings hat geschlagen. Nutzen Sie die Chance und machen Sie sich noch beliebter. Rezepte gibts ab Seite 148. Jetzt ist übrigens auch die Phase, wo alles in den Mund wandert, um es zu erkunden. Vorsicht also mit herumliegenden Autoschlüsseln, Zuchtperlen oder Münzen.

Monat 7 bis 9

- Ihr Baby versteht jetzt, was es bedeutet, wenn Sie »Winkewinke« sagen und sich ins Büro verabschieden. Beim Musikhören kann es schon den Beats folgen und es macht gerne Tiere nach. Es erkennt auch, dass eine Katze in einem Bilderbuch, auf der Straße oder in seinem Bett (als Kuscheltier) eine Katze ist. Man nennt das: Dinge gruppieren. Was es auch schön findet, sind winzig kleine Sachen, die es mit seinen leistungsfähigen Pinzettenfingern aus allem Möglichen herausbohrt: Kuscheltieraugen, Büroklammern in Parkettbodenritzen und dergleichen. Besser und harmloser: Handfestes wie Bälle oder Rollen.
- Wenn es in der Küche gut läuft, entwickelt Ihr Kleines jetzt auch eine Vorliebe für Lieblingsgerichte. Experimentieren Sie ruhig ein bisschen herum. Vorsicht mit zu scharfen Gewürzen und Salz, das macht dem Spaß schnell ein Ende.

Monat 10 bis 12

- Jetzt werden die Wörter gelernt. Das Baby erkennt, dass sein »Ohr« sein Ohr ist und fasst es an, wenn Sie es darauf ansprechen. Wenn es einen Hund sieht, macht es »wau« und bei einem Auto (wenn es ein Junge ist) »brrm« oder »tatütata«. Erinnern Sie sich an die »Peanuts« und Linus, den Jungen mit seiner Kuscheldecke? Jetzt beginnt das Kuscheldeckenzeitalter, aus dem Linus nie heraus gekommen ist. Kuscheldecken sind sehr praktisch, wenn das Baby mal bei Oma schläft oder Sie unterwegs sind und es beruhigt werden will. Kuscheldecken haben quasi morphine Eigenschaften.
- Und jetzt kann es auch passieren, dass das, was früher ein Lieblingsgericht war, nicht mehr schmeckt. Sorgen Sie sich nicht, es ist nicht Ihre Schuld.

WECKEN SIE DEN ITALIENER IN SICH!

Hier kommt ein Tipp, den Sie garantiert in keinem Erziehungsratgeber finden, dabei kann er Ihnen das Leben mit Kind fundamental erleichtern. Lassen Sie mich hierzu etwas weiter ausholen.

Schon der italienische Philosoph Luciano Di Crescenzo wusste: Es gibt Gesellschaften, die auf Gerechtigkeit beruhen, und es gibt Gesellschaften, die auf Freundschaft beruhen. Gerechte Gesellschaften sind verlässlich, aber öde, und sie erzeugen tendenziell eine Vielzahl eher mürrischer Menschen (England, Niederlande, Deutschland). Gesellschaften, in denen Freundschaft das höchste Gut ist, sind zwar chaotisch, aber liebens- und lebenswert. Die Menschen sind im Allgemeinen offen und freundlich. Mediterrane Lebewesen halt.

Und was will uns dieser Exkurs sagen? Werden Sie mit Kind zum Italiener. Schaffen Sie sich ein freundliches beziehungsweise kinderfreundliches, hilfsbereites Umfeld.

»Es braucht ein ganzes Dorf, um ein Kind zu erziehen.«

Afrikanisches (oder italienisches?) Sprichwort

Soweit muss es nicht gehen, aber ich erkläre Ihnen kurz, wie es bei mir und meiner italienischen Familie zugeht. Meine Schwiegermutter ist die stets abrufbereite Babysitterin. Sie hat mit der Geburt unserer ersten Tochter praktisch jede eigenständige Aktivität eingestellt und ist nur noch für die Kinder da. Sie betreut sie, bekocht sie, zieht sie an. Ich musste sie erst bremsen, als die Kindergärtnerin unsere Jüngste »Coco Chanel« taufte, weil sie immer so adrett gekleidet ist. Das ging mir dann doch zu weit. Wir hatten zudem Glück, dass wir die ersten waren, die ihr ein Enkelkind geschenkt haben.

Timing ist alles

Lauras Brüder, zum Zeitpunkt der Entstehung dieses Buches ebenfalls Eltern geworden, können bei meiner Schwiegermutter nun nicht mehr den gleichen Enthusiasmus entfachen. Timing ist also intrafamiliär ein nicht zu unterschätzender Faktor bei der Nachwuchsplanung. Seien Sie schneller als Ihre Geschwister und Schwägerinnen. Die ersten zwei Jahre mussten wir nicht kochen, ja, meine Schwiegermutter hätte es sogar als Beleidigung empfunden, wenn wir uns mal selbst eine Pasta zubereitet hätten. Jeden Mittag stand sie vor der Tür und hatte diverse Plastikbehälterchen dabei, jeweils eines für Laura, für Elisabetta (und später auch für Beatrice) und für mich.

Mein jüngerer Schwager Piero ist Architekt und sorgte für ein absolut babysicheres Haus. Wir wohnen auf zwei Stockwerken mit offener Treppe und Piero zog, auch wenn es seinem minimalistisch gestimmten Architektenherz arg wehtat, ein Geländer sowie abschließbare Treppengitter oben und unten ein. Mein älterer Schwager Paolo hingegen ist der fleischgewordene Bob, der Baumeister. Er kann alles, repariert alles, bohrt, schraubt und dübelt und wagt sich sogar an kleinere Elektronikgeschichten ran. Wenn der Fernsehempfang gestört ist, klettert er aufs Dach und justiert irgendwas neu – ob Antenne oder Satellit, kann ich nicht sagen, ich weiß nicht einmal, wie es auf unserem Dach aussieht. Lauras Cousine Marta dagegen ist Computerspezialistin. Gut, das hilft nicht viel beim Leben mit einem Baby, aber erspart doch den einen oder anderen Nachmittag im Apple-Store und man hat dafür mehr Zeit für seine Lieben.

Klar, dass Sie nur in den seltensten Fällen eine Großfamilie zum Greifen nahe haben – das ist der Unterschied zwischen Deutschland und mediterranen Ländern, wo die Familien eher aufeinander hocken, rätselhafterweise ohne dabei komplett durchzudrehen. Aber was ist mit den Nachbarn? Den Arbeitskollegen? Behandeln Sie alle diese Menschen

gut – man weiß nie, wer beispielsweise gerade ein Kinderbett zu verkaufen hat oder wessen Tochter zufällig Pädagogik studiert, zuverlässig,
eine Seele von einem Menschen ist und sich liebend gern ein Taschen-
geld als Babysitterin dazu verdienen will. Gut geeignet für neue Freund-
schaften sind Eltern, die schon aus dem Gröbsten raus sind. Sie können Ihnen nicht nur so unerlässliche, aber atemberaubend teure
Utensilien wie Autokindersitze überlassen, sondern wirken mit Ihrer
gesammelten Erfahrung auch noch beruhigend.

> **Wenn der Kollege es geschafft hat,
> drei Söhne bis in die Pubertät zu begleiten
> – worüber machen Sie sich dann Sorgen?**

Geben und Nehmen

Natürlich ist es ein Geben und Nehmen. Machen Sie sich darauf gefasst,
dass man irgendwann auch auf Sie zukommen und Sie um einen Gefallen bitten wird. Beispielsweise trage ich meiner Schwiegermutter, die immer irgendwelche Diäten macht, die eine reichliche Flüssigkeitszufuhr
erfordern, alle drei bis vier Tage Wasserkästen in den vierten Stock.
Das alles eingedenk ihrer Wohltaten, die Sie uns zu Jungelternzeiten zukommen ließ. Außerdem hat sie seit ein paar Monaten das Kochen
eingestellt (ich hoffe, es ist nur eine Phase) und lässt sich nun ihrerseits
von uns versorgen. Meine Schwager muss ich mit bayrischem Weiß-
bier befrieden, das ich alle zwei Wochen über die Alpen transportiere,
außerdem verlangte Paolo nach einem signierten Bastian-Schweinstei-
ger-Trikot. Das kostete einige Mühe, aber bevor ich mir selbst die Be-
dienungsanleitung des SAT-Receivers durchlesen muss, biete ich mich
lieber mal auf eBay um Kopf und Kragen.

Top Ten: Die schnellsten Wege, der uncoolste Typ aller Zeiten zu werden

1. Auf Facebook posten Sie nur noch Fotos Ihres Babys und aller weiterer Nachkommen.

2. Zu Weihnachten verschicken Sie Postkarten (oder E-Karten) mit Ihrem Kind unter einer zu großen Nikolausmütze. Die Steigerung: Christian Wulff hat einmal eine Weihnachtspostkarte verschickt, die ihn und seine Familie beim Blockflötenspiel vor dem Christbaum zeigte. Und was ist mit ihm anschließend passiert? Das sollte Ihnen eine Warnung sein.

3. Sie erzählen in aller Ausführlichkeit von Blähungen, Babypupsen, Milchschorf und Gespucke.

4. Sie tragen Ihr Baby im indischen Tragetuch umher.

5. Sie zeigen die Babyfotos auf dem Handy oder dem iPad auch dann vor, wenn Sie ausdrücklich nicht danach gefragt wurden.

6. Die erste Geburtstagstorte oder die Bescherung vom Weihnachtsmann: Sie filmen alles blindwütig ab. Vertrauen Sie mir: Der Moment kommt nie wieder, und den Film schauen Sie sich nie mehr an.

7. Nein, flüchtige Bekannte wollen Ihr Kleines nicht »mal halten«.

8. Sie lassen Ihrem Kleinen einen modischen Haarschnitt verpassen oder modellieren mit Gel seine Frisur zurecht. (Oder lassen klaglos zu, dass Ihre Frau sich austobt.) Das ist so lange verboten bis das Kind für sich selbst sprechen kann.

9. Ja, die Auswahl des Buggys wie des Babyphons ist irre spannend. Was es da für Extras gibt! Und die Preisunterschiede! Ihre Umwelt findet das Thema, das Sie so gern auswälzen, weil es Ihr ganzes Dasein einnimmt, unfassbar öde.

10. Egal, wie viel Mühe Sie sich geben – am Ende gelten Sie doch als uncool. 85 Prozent aller Eltern gaben in einer Umfrage zu, als Teenager ihre eigenen Eltern für uncool gehalten zu haben.

OMA ANTE PORTAS

Ihre Mutter – und erst recht Ihre Schwiegermutter – mag Sie einiges an Nerven kosten, doch nie waren Mütter wertvoller als jetzt. Ihre Mutter oder die Mutter Ihrer Frau kann tatsächlich den Unterschied zwischen einer relativ entspannten Erstelternzeit oder Monaten voller Stress und Sorgen ausmachen.

> ## Omas sind Babysitter, die im berufsqualifizierenden Lebenslauf eindeutige Erfolge vorzuweisen haben: Immerhin haben sie Sie (oder Ihre Frau) großgezogen.

Mütter sind das Tor zur Freiheit, eine kleine Garantie dafür, dass Ihr eigenes soziales Leben noch nicht ganz vorbei ist. Dazu kommt die beruhigende Wirkung, die von erfahrenen Eltern auf alle Beteiligten abstrahlt. Und Sie werden sich wundern, wie gut Ihre Mutter und Ihre Schwiegermutter das Windelnwechseln wieder draufhaben Es sieht so aus, als hätte dieses geheime Wissen jahrelang in ihnen geschlummert, um nun wieder zur Anwendung zu kommen.

Klammern Sie!

Der Fluch der modernen Welt und der vielgefragten beruflichen Flexibilität ist, dass Ihre Eltern und Schwiegereltern oft in einer anderen Stadt oder sehr weit weg wohnen. Was Ihnen bislang als kinderloses Paar kommod erschien, weil Ihnen niemand mit Einrichtungs-, Aufräum- oder sogar Beziehungstipps auf die Nerven ging, wird mit Baby zu einem schweren Nachteil. Sie sollten sich daher überlegen, die Eltern gerade zu Beginn gnadenlos an sich zu binden – bringen Sie sie für ein paar Tage in einem Hotel in der Nähe unter oder, wenn Platz ist und Sie und Ihre Frau es aushalten, bei Ihnen daheim. In den allermeisten Fällen sind die Eltern genauso glücklich über den Nachwuchs wie Sie selbst und kommen gern. Selbst wenn das Baby erst ein paar Wochen alt ist, ist die Hilfe enorm, und sei es nur, dass einem die Runde im Kinderwagen um den Häuserblock abgenommen wird oder man mal zwischendurch eine Mütze Schlaf genießen kann.

Allerdings gibt es mehrere Arten von Großeltern. Entweder sind sie Oma und Opa wie aus dem Bilderbuch, sie mit praktischer Frisur und er mit dreißig Jahre alter Cordjacke. Diese typischen Vertreter der ersten Nachkriegsgeneration glauben noch daran, dass die Milch in der Kinderschokolade tatsächlich gesund ist und Nutella ausreichend Vitamine enthält, um durch den Tag zu kommen. Sie verwöhnen Ihr Kind nach allen Regeln der Kunst. Oder die Großeltern entstammen der 68er-Generation. Geraspelte Biokarotten sind das Höchste der Gefühle, alles andere müssen Sie Ihrem Kind heimlich verabreichen. Bei Fruchtsäften, Fertiggläschen oder Milchpulver heißt es: »Willst du das Kind vergiften?« Auch zu Medikamenten ist die Einstellung eher skeptisch. Generell werden überall Gifte und Geschäftemacher vermutet. Diese Art Großeltern diskutiert die Dinge gern aus. Tipp: Lassen Sie sie reden, aber bloß nicht von Ihnen verrückt machen. Denn was wäre die Kindheit – oder das Leben selbst – ohne Schokolade? Haben Sie sehr junge Eltern, dann gibt es in punkto Unterstützung bei der Baby-Betreuung eventuell ein Problem. Die »Bestager« sind eben in Pension gegangen und permanent auf Reisen. Sie machen Yoga, vergnügen sich im Golfclub und lassen sich wegen ihrer stressigen Freizeit auf gar keinen Fall zum Babysitten einspannen, höchstens mal am Sonntagvormittag. Dafür schicken sie gerne Bilder mit ihrem Smartphone vom Sonnenuntergang von der spanischen Hotelterrasse aus.

SCHWIERIG: AUS DEN ELTERN WERDEN OMA UND OPA

Manche Großeltern müssen sich allerdings überhaupt erst mal an ihre neue Rolle gewöhnen. Das ist für einige einfacher als für andere; so wollen sich manche Frauen partout nicht mit »Oma« anreden lassen und bläuen dem Kind ein, es bitte mit »Tante« anzusprechen (in meinem Bekanntenkreis tatsächlich geschehen). Und wahrscheinlich gibt es auch den ein oder anderen eitlen Mann, der die Beförderung zum Großvater ungern akzeptiert. Es stimmt ja auch: Heutige Großeltern sind fitter und jünger als alle Generationen zuvor, sie segeln durch die Ägäis und unternehmen Wein- und Gourmetreisen durch die Toskana. Der berühmte »Hedonic Shift« vom hart arbeitenden Nachkriegsdeutschland zum genießerisch-individualistisch geprägten neuen Jahrtausend hat auch die Elterngeneration der jüngeren Neuväter und -mütter mitgerissen. Den Opa im Schaukelstuhl und die strickende Oma mit Dutt auf dem Sofa – dieses Bild hat Seltenheitswert. Ich bin beispielsweise meine ersten vier Lebensjahre bei den Großeltern aufgewachsen, weil meine Eltern beide berufstätig waren; das ging noch, weil mein Opa tatsächlich verrentet im Schaukelstuhl saß und meine Oma, die nie berufstätig war und kein anderes »Hobby« kannte als Familie, mich betütelte und verwöhnte. Einen Dutt hatte sie übrigens auch. Die Eltern werden zu Großeltern, weil ihre Kinder selbst zu Eltern geworden sind: Kein Wunder, dass das trotz aller Anfangsbegeisterung manchmal ein schwieriger, schmerzlicher Prozess ist. Die Großeltern müssen zuallererst akzeptieren, dass ihre Kinder jetzt endgültig erwachsen geworden sind. Das tut richtig weh. Wenn ich bedenke, dass ich schon einen Anflug von Depression spürte, als meine älteste Tochter eingeschult wurde, dann kann ich sehr gut nachvollziehen, was viele frischgebackene Großeltern empfinden. Zündstoff sind vor allem die vielen Ratschläge, die Jungeltern nun von ihren eigenen Eltern um die Ohren bekommen, doch Sie und Ihre Partnerin sollten selbstbewusst sein, Ihre eigenen Entscheidungen zu treffen. Dass Sie dabei generell auf die Großeltern hören sollten, versteht sich von selbst, ganz großer Unsinn ist selten dabei. Außer es handelt sich um Angehörige jener Generation, die sich bereits für Säuglinge eine Art paramilitärische Ausbildung wünschen, erkennbar an Äußerungen wie: durchschreien lassen, weil das die Lungen kräftigt.

Halb so wild: unterschiedliche Regeln

Interessant sind immer wieder die unterschiedlichen Regeln, die für Kinder bei Eltern und Großeltern gelten. Zwei Klassiker: Bei der Oma darf im großen Bett geschlafen werden, daheim gilt – seit sie dem Babyalter entwachsen sind – rigoros das Kinderzimmer. Und während es daheim unter der Woche reichlich Obst und Gemüse gibt, werden die Kinder bei den Großeltern mit Nutella regelrecht ausgespachtelt. Darüber muss man aber gar nicht streiten:

Unterschiedliche Regeln schaden Kindern keineswegs, wie neue Untersuchungen belegen. Auch das ist ein wichtiger Teil des Lernprozesses. Lassen Sie Ihrem Kind also das wilde, freie Oma-Reservat.

Viele Psycho-Ratgeber empfehlen, man müsse über Konflikte bei der Kindererziehung mit den Großeltern generell und ständig reden. Mein Tipp: Manchmal kann man auch einfach nicken und den Ratschlag ignorieren. Und so wie bellende, auf einen beim Joggen zustürmende Dobermänner »nur spielen« wollen, müssen Sie bei Ihren Eltern immer folgendes Mantra murmeln: »Sie meinen es nur gut.«

BABYSITTER: DIE (MANCHMAL) WERT-VOLLSTEN MENSCHEN DER WELT

Ich hatte das Glück als junger Vater als Teilzeitredakteur für eine Frauenzeitschrift zu arbeiten. Was genau meine Aufgabe war, wusste keiner so recht; ich glaube, ich war einfach für die gute Laune zuständig. Die leitende Redakteurin hatte ein Kleinkind im gleichen Alter wie meine Lilly und eines Abends brauchte ich einen Babysitter, weil meine Frau und ich uns ins Münchner Nachtleben stürzen wollten, was für uns erschöpfte Eltern bedeutete, in ein Sushi-Restaurant um die Ecke zu gehen. (Italiener lieben Sushi, dort ist der Trend nämlich erst vor ein paar Jahren angekommen, aber das ist ein anderes Thema.) Also fragte ich die leitende Redakteurin, ob sie einen Babysitter habe und ob man sich den mal für einen Abend… Ich brachte den Satz nicht zu Ende, da SPRANG sie auf, WARF die Tür ins Schloss, schloss zusätzlich ab, lehnte sich dagegen und blickte gehetzt nach links und rechts, dabei waren nur sie und ich in dem Zweierbüro. Sie atmete schwer und überprüfte, ob ihr Handy nicht aus Versehen einen Anruf getätigt hatte. Dann kam sie mit irrem Blick ganz nah an mich heran und zischte in mein Ohr »Wag es ja nicht…«

Verleihe niemals deinen Babysitter!

Was hatte das alles zu bedeuten? Sie erklärte es mir. Mehrere Male hatte sie ihren vermeintlich besten, ebenfalls frischelterlichen Freundinnen aus der Patsche geholfen und ihnen ihren Babysitter ausgeliehen. Daraufhin waren die Freundinnen so zufrieden, dass sie ihr den Babysitter mit einem besseren Angebot (mehr Geld, Sky-Abonnement und offenes W-Lan daheim) entzogen haben – es ging in dieser Welt offenbar so zu wie auf dem Transfermarkt für Fußballer.

Gold wert

Ja, ein guter Babysitter ist die wohl wertvollste Person der Welt – nach Ihrer Frau und Ihrem Baby. Denn was steht man nicht alles für Ängste aus. Eine fremde Person, weder der Familie noch dem Freundeskreis zugehörig, soll plötzlich das Wertvollste betreuen, was es auf dieser Welt gibt! Und was hört man nicht alles für Horrorgeschichten! Durchdrehende Babysitter, überforderte Drogenabhängige, die das Baby ins Koma schütteln oder gar den Gashahn aufdrehen, damit die Kinder betäubt werden und endlich Ruhe geben (tatsächlich in den USA passiert). Und wenn man sich dann mal eine fähige Person geschnappt hat, will man sie unter keinen Umständen hergeben, da konnte ich den panisch-aggressiven Blick der leitenden Redakteurin gut verstehen. Manche Eltern-Ratgeber sprechen davon, wie man seine Auswahl des richtigen Babysitters optimiert. Was für ein naives Wunschdenken! Denn selbst schlechte Babysitter sind so rar wie eine Drillingsgeburt. In der Großstadt kann man froh sein, wenn man irgendjemanden bekommt, der zumindest so aussieht, als könne er fehlerfrei die Telefonnummer der besorgten Auftraggeber in sein Handy speichern, um im Notfall durchzurufen.

Kann überhaupt irgendwer auf der ganzen Welt so gut auf unser Kind aufpassen wie wir? Natürlich nicht, außer vielleicht die Oma(s). Und natürlich die 20-jährige Babysitterin des Kindes der leitenden Redakteurin, die man für einen Abend ergattern durfte (ich musste beim Leben meiner Tochter versprechen, ihr kein besseres Angebot zu machen) und die ich mit 132 Post-It-Zetteln durch die Wohnung leiten wollte, die sich dann aber schon beim allerersten Mal als perfekt entpuppte (mehrsprachige Pädagogikstudentin, die nebenbei in Kindergärten jobbt), und zwar so perfekt, dass meine Tochter beim Abschied bittere Tränen weinte. Definitiv überqualifiziert.

Also, das ging mir dann doch zu weit.

SEX NACH DER GEBURT? ...
UND WAS SICH SONST NOCH ÄNDERT

Ein schönes Thema, geprägt von der interessanten Vorstellung, Männer seien unentwegt vor Lust am Platzen und wollten von morgens bis abends ihre Partnerin über den Küchentisch werfen, und das nicht nur bis zum Tag der Entbindung, sondern am besten auch ab Tag 1 nach der Geburt. Wer auch immer diese Idee in die Welt gebracht hat, sei darauf verwiesen, dass die Wirklichkeit doch ganz anders ist, denn:

Wir Männer sind keine hirnlosen Sexmaschinen. Jedenfalls nicht immer.

Lassen Sie es sich von einem ehemaligen *Playboy*-Redakteur gesagt sein: Das erste Jahr mit Kind wird als das sexloseste Jahr in die Geschichte Ihrer Partnerschaft eingehen. Das Gute an dieser erst einmal ernüchternden Vorschau: Sie werden auch nicht groß darunter leiden, dazu sind Sie nämlich viel zu müde und/oder gestresst. Stellen Sie sich auf die Absenz von erotischen Freuden rechtzeitig ein. Der Beweis Ihrer Manneskraft liegt ja in Ihren Armen, brüllt aus vollen Lungen und verlangt frische Windeln. Sollte sich die Lust doch wieder melden, bei Ihrer Frau aber noch nicht wieder auf dem vorgeburtlichen Stand sein, dann seien Sie charakterstark und üben sich in Geduld und buddhistischer Gelassenheit.

Eifersucht aufs Baby?

Wo Verlangen ist, ist auch Eifersucht: Papa schielt aufs Baby und fühlt sich vernachlässigt. Mutter und Kind scheinen sich blendend zu verstehen, haben ihre eigenen geheimen Codes entwickelt, tuscheln über

Insider-Witze, präsentieren kleine Kunststückchen. Da fühlt man sich als Vater schnell mal außen vor. Aber ich denke, dass Sie klug genug sind, dieses Gefühl, sollte es denn je aufkommen, wirksam zu unterdrücken, denn es ist doch ein klein wenig albern. *Natürlich* steht das Baby in den ersten Monaten im Mittelpunkt des Familienlebens, und *natürlich* ist aus Ihrer Frau ein Muttertier geworden – wie egozentrisch muss man sein, darüber zu schmollen? Ja, manchmal fühlt man sich allein und ausgegrenzt. Aber dann ist es Zeit die Initiative zu ergreifen, sich das Baby zu schnappen, zu wickeln, unsinnige Spielchen (siehe Seite 110) zu spielen und eine Runde mit Kinderwagen durch die Nachbarschaft zu drehen. So ein Vorzeigepapa kommt bei jeder Mutter gut an, und Sie haben ordentlich Zeit mit dem Baby verbracht.

Schlechtes Gewissen?

Was Ihnen wohl nicht erspart bleiben wird, sind Gewissensbisse. Zumeist sind ja Sie es, der zuerst zurück an den Arbeitsplatz kehrt. (Apropos *Playboy*: Mein damaliger Chefredakteur hat sich kurz nach Amtsantritt ein Jahr Elternzeit genommen – das war damals eine echte Revolution.) Dieses schlechte Gewissen kann ernsthaft an einem nagen; da sitzt man einsam aber in Ruhe vor seinen Excel-Tabellen, während daheim das Chaos tobt. Dieses Gefühl kenne ich gut. So wird es auch Ihnen gehen. Reden Sie darüber und schaffen Sie sich mit aller Macht Blöcke freier Zeit, die Sie so viel wie möglich an den wunderbaren ersten Monaten teilhaben lässt.

Fitness, adé!

Noch etwas verändert sich für Sie, und finden Sie sich zumindest temporär damit ab: Sie sind nicht nur geistig nicht immer auf der Höhe, Sie kommen auch körperlich etwas außer Form. Die Zeit für ein Fitnessstudio werden Sie kaum noch finden, auch andere Hobbys, die mit Sport zu tun haben, müssen Sie zurückstellen. Freizeitfußball im Park ist für eine Weile ebenso gestrichen wie Ihr Squash-Date oder die Joggingrunde mit Kollegen am Montagabend. Ihr Teint hat bald nichts Erfrischendes mehr, sondern gleitet ins Fahle ab; Sie werden zunehmen und Falten rund um die Augen bekommen, und selbst Haarausfall kann sich bei extremem Stress beschleunigen. Das Herumtragen des Babys mag zwar eine gewisse körperliche Aktivität darstellen – gegen einen harten Workout stinkt der Stinker aber nicht an. Erst nach etwa einem Jahr können Sie sich wieder an den Geräten oder auf den Courts quälen und Ihren Körperfettanteil langsam auf Vorbabyniveau senken. Bis dann Kind Nummer zwei kommt und Sie schön angeschmiert sind. Gut so, dann lernen Sie mal diesen Jojo-Effekt kennen, von denen die Frauen immer reden. Zwischenlösung: Versuchen Sie es mit dem Baby-Workout von Seite 112.

Der ultimative Freundschaftstest

Ein weiterer erstaunlicher Einschnitt, von dem Ihnen kein Geburtsvorbereitungskurs erzählt: Sie werden ein paar Freunde verlieren. Das ist gar nicht so sehr Ihre Schuld und auch nicht die Ihrer Freunde. Es ist einfach so, dass Sie in einen neuen, atemberaubenden und alles verändernden Lebensabschnitt eintreten, in den nicht mehr der ganze Bekanntenkreis reinpasst. Klar, die allerbesten Freunde bleiben, sonst wären es ja nicht die allerbesten Freunde. Aber von den vielen unterhaltsamen Kumpels aus Gastronomie und Nachtleben werden sich die meisten allmählich verabschieden, ganz ohne böse Absicht. Rückrufe bleiben aus, Sie können nicht mehr so oft zum Stammtisch kommen, Sport fällt flach (siehe oben), SMS und Facebook-Nachrichten werden erst Tage später beantwortet: Man lebt sich einfach auseinander. Das ist in vielerlei Hinsicht ein bisschen traurig. Aber auch unvermeidlich.

Denn der König des Nachtlebens und der gestresste Jungvater mit vollgesabbertem Hemd – das funktioniert als Team nicht gut. Dafür werden Sie neue Freunde finden: junge Väter wie Sie auf dem Spielplatz, in der Nachbarschaft, bald auch im Kindergarten oder im Hort. Und der König des Nachtlebens, den Sie so sehr vermissen? Glauben Sie mir: Er weint nachts in sein Kopfkissen, weil er sich insgeheim ein Familienidyll wie das Ihre wünscht.

Das sagt die Wissenschaft

ZUM HEULEN – DER BABYBLUES

Ein ernstes Thema für junge Väter ist der Babyblues, unter dem frisch-gebackene Mamas leiden können. Er wird durch die hormonelle Umstellung ausgelöst. In dieser Zeit sind viele Frauen reizbar und erschöpft. In der Regel verschwindet dieses Phänomen nach ein paar Tagen. **Achtung: Der Babyblues kann auch Männer befallen.** Bis zu zehn Prozent der Väter sind betroffen, im Vergleich zu 20 bis 30 Prozent der Frauen. In der milderen Form schlafen sie schlecht, haben keinen Hunger und sind extrem reizbar. Im Prinzip passiert mit ihnen all das, was Sie von einem ordentlichen Kater kennen. Oft sind die Betroffenen auch traurig und verängstigt; meist machen sie sich übertriebene Sorgen um die Gesundheit des Kindes. Dauert der Zustand länger, heißt das »Postnatale Depression«, dabei handelt es sich um eine Erkrankung, die es Mutter oder Vater schwer machen, eine positive Beziehung zum Baby aufzubauen. Die Ursachen sind unklar, aber ein paar Faktoren haben die Forscher dennoch ausgemacht. Dazu gehören ungelöste Beziehungs- und Geldprobleme. **Vor allem aber spielen Ängste eine Rolle, der Aufgabe nicht gewachsen zu sein.** Während bei Müttern der Babyblues unmittelbar nach der Geburt einsetzt, tritt die Depressionsphase bei Vätern eher zwischen dem dritten und dem sechsten Monat auf.
Babyblues in der milden Form verschwindet spätestens nach ein paar Tagen. Dauert die depressive Phase allerdings an, sollten Sie sich professionelle Hilfe durch den Frauenarzt und/oder einen Psychotherapeuten holen, auch im Sinne Ihres Babys: Kinder betroffener Eltern zeigen laut einer Studie häufig weniger Sozialkompetenz als Kinder nichtdepressiver Eltern und sind öfter verhaltensauffällig. Die gute Nachricht: **Mit psychologischer Hilfe lassen sich nahezu alle postnatalen Depressionen gut behandeln; die Erfolgsquote liegt bei nahezu 100 Prozent.**

Jetzt müssen Sie ran...

Hier kommt eine schmerzliche Wahrheit: Sie müssen sich als Jungvater mehr um die Hausarbeit kümmern. Sie leben, im Gegensatz zu einigen anderen Männern, sicher nicht mehr mental in den Fünfzigerjahren. Davon können wir deswegen ausgehen, weil solche Männer einen Ratgeber wie diesen ja erst gar nicht in die Hände nehmen würden. Tatsächlich, manche Frauen in unserer Großelterngeneration konnten sich schon freuen, wenn der Mann es mit dem Wochenlohn nach Hause schaffte, statt ihn in der Eckkneipe auf den Putz zu hauen. Die Anforderungen an den modernen Vater haben sich drastisch geändert und das ist gut so. Ja, das heißt auch Waschen, Bügeln, Staubsaugen und Kochen. Gut, Kochen kriegen Sie hin; falls Sie Rezepte brauchen, schauen Sie in Kapitel 6. Waschen, Wischen und der ganze Rest – das ist schon unangenehmer. Aber ich verrate Ihnen: Es ist kinderleicht. Man muss es nur machen. (Außer Hemdenbügeln. Lassen Sie das, wenn Ihnen Ihr Seelenheil lieb ist, von der Reinigung erledigen.) Was mir geholfen hat: Machen Sie einen Sport draus. Setzen Sie sich eine bestimmte Zeit, Ihre Wohnung gründlich (!) zu saugen und versuchen Sie die Zeit jedes Mal zu unterbieten. Richtig sauber wird Ihre Wohnung mit Baby natürlich nie werden, üben Sie daher Nachsicht auch mit Ihren organisatorischen und müllrausbringenden Fähigkeiten. Wenn Geld für eine Haushaltshilfe übrig ist, dann ist es jetzt bestens angelegt. Wenn das nötige Kleingeld nicht vorhanden ist, krempeln Sie selbst die Ärmel hoch. Psychologen sagen, dass neue Verhaltensmuster etwa 50 Tage brauchen, um zur automatisierten, nicht mehr vom inneren Schweinehund hinterfragten Gewohnheit zu werden – sei es das morgendliche Joggen oder der Verzicht auf die Zigarette nach dem Kaffee. Wer weiß? Vielleicht sind Sie nach zwei Monaten schon längst der König des Wischmobs geworden und können sich kein Leben ohne Parkett mehr vorstellen, in dem sich Ihr müdes Antlitz spiegeln kann.

Tipp

SO ÜBERSTEHT IHRE BEZIEHUNG DAS 1. BABYJAHR

Es wird Momente geben, in denen Sie das Gefühl haben, Ihr Leben bestünde nur noch aus randvollen, grünlich-giftig dampfenden Windeln, wohin Sie auch blicken. Wenn Sie aus Ihren übermüdeten Augen überhaupt noch irgendetwas erkennen können. **Ja, die ersten Wochen mit dem Baby sind noch rosarot:** Freunde und Verwandte machen »Aaah« und »Ooh«. Doch irgendwann, so etwa ab dem dritten, vierten Monat, verflüchtigt sich die Anfangseuphorie bei allen Beteiligten. **Und nicht wenige Beziehungen sind gerade im ersten Babyjahr extremen Crashtests ausgesetzt.** Ist das nicht paradox? Gerade dann, wenn sich die Liebe sozusagen sichtbar manifestiert hat – nämlich in dem schreienden Bündel, das Sie im Arm halten –, geht es mit ihr bergab. **Doch Sie können Ihre Beziehung auch jetzt am Leben erhalten.**

❯ **Egal, wer am Morgen mit dem Baby dran ist:** Stehen Sie gemeinsam auf. Einer macht Kaffee, der andere kümmert sich ums Kind. Eine kleine, aber nicht zu unterschätzende Geste; so ist niemand allein.

❯ **Rechnen Sie nie Windelwechsel gegeneinander auf.** Es gibt nichts Überflüssigeres als eine nächtliche Diskussion, wer denn nun warum damit dran sei. Geben Sie im Zweifelsfall nach und ersparen Sie sich beiden den unnützen Ärger und den Schlafentzug.

❯ **Nicht nur Ihre Frau, sondern auch Sie** befinden sich in einem hormonellen Ausnahmezustand, gepaart mit zu wenig Schlaf. Vermeiden Sie, wenn es geht, das Ausdiskutieren von Beziehungsproblemen.

❯ **Egal, wer von Ihnen beiden in Elternzeit ist:** Nichts ist schlimmer, als nach einem langen Tag im Büro noch in der Wohnungstür das Baby in den Arm gedrückt zu bekommen, begleitet mit den harschen Worten: »Hier, ich hatte es den ganzen Tag.« Hinter diesem Satz steckt ein ganzer Strauß von Frust und Vorwürfen. Haben Sie Respekt vor dem arbeitenden Partner. Er oder sie dreht im Büro nicht nur Däumchen und spielt Solitaire (hoffen wir jedenfalls).

❯ **Bringen Sie den Alltag in Ihre vier Wände.** Sprechen Sie mit Ihrer Frau bewusst über Dinge, die nichts mit dem Baby zu tun haben. Lassen Sie sie am Leben teilhaben. Erzählen Sie, was es Neues im Büro, in der Nachbarschaft, in der Stadt gibt. Klingt banal, aber so hat Ihre Frau immer das Gefühl, nicht mit dem Baby auf dem Arm daheim zu verschimmeln, während das Leben an ihr vorbeirauscht.

(Und der ganz gewöhnliche Büroalltag des eigenen Mannes kann irre aufregend sein, wenn man selbst nur zwischen Supermarkt und Kinderarzt hin- und herpendelt.) Den Tipp darf auch gern Ihre Frau beherzigen, falls Sie in Elternzeit sind.

❯ **Gönnen Sie sich einmal pro Woche einen Kinoabend daheim,** den Sie zelebrieren. Ohne »Star Wars« oder »Avatar«, sondern mit luftigleichten Komödien, also mit Filmen, in denen Jim Carey, Ben Stiller oder George Clooney mitspielen.

❯ **Senken Sie Ihre Erwartungen.** Ja, jedes Zimmer Ihrer Wohnung wird aussehen, als sei ein Drogeriemarkt explodiert, und vom Badezimmer wollen wir erst gar nicht reden.

Na und? In spätestens zwei Jahren sieht alles wieder so aus wie auf dem Cover von *Architectural Digest*. Versprochen: Niemand wird Ihnen deswegen Vorwürfe machen.

❯ **Seien Sie nachsichtig.** »Fahr langsamer, wir haben ein Baby!« Diesen Satz werden Sie beim Autofahren möglicherweise jetzt zum ersten Mal von Ihrer Frau hören, auch wenn es ihr bisher gar nicht schnell genug gehen konnte.

❯ **Wenn das erste Jahr überstanden ist, feiern Sie es.** Nicht nur fürs Baby, sondern auch für sich. Sie haben das Gröbste hinter sich und lieben sich immer noch. Her mit dem Champagner!

Papa allein zu Haus

BABYPFLEGE GRUNDKURS

Es wird vorkommen, dass Sie ganz allein mit Ihrem Kind sind. Minuten, Stunden, ja vielleicht sogar einen vollen Tag. Reden wir also darüber, wie Sie diese Zeit rumkriegen – ohne graue Haare zu bekommen. Da wäre zunächst das Aufnehmen des Babys und das Wieder-Hinlegen. Das sollten Sie als vorbildlicher Jungvater ja schon können. Der Vollständigkeit halber aber hier noch einmal eine kurze Anleitung. Als Rechtshänder hat sich folgender Griff bewährt:

- Ihre linke Hand kommt unter den Hals des Babys, die rechte unter den Babypo.
- Mit dem linken Unterarm stützen Sie den Rücken des Babys ab, mit den gespreizten Fingern Nacken und Kopf.
- Heben Sie das Baby erst hoch, wenn Ihre Hände fest unter seinem Körper liegen. Lassen Sie es ruhig eine Weile spüren, dass es sicher verankert ist, bevor Sie es hochheben. Merken Sie sich: Je kleiner das Kind, desto wichtiger ist, dass Sie den Kopf stützen, weil es ihn noch nicht allein halten kann.

Tipp

DIE FLIEGERHALTUNG

Zur Abwechslung können Sie auch einmal die sogenannte Fliegerposition ausprobieren. Halten Sie Ihr Baby so, dass es mit dem Oberkörper auf Ihrem Unterarm liegt, das Köpfchen in Ihrer Armbeuge. Die freie Hand dient wiederum zur Sicherung Ihres wertvollen Transportguts. Die Haltung hat sich übrigens auch bewährt, **wenn Ihr Baby Bauchschmerz–, sprich: blähungsgeplagt ist.**

- Der Kopf des Babys ruht in Ihrer Armbeuge, sein Körper liegt auf Ihrem Unterarm und wird mit der Hand unter seinem Po gehalten. Die andere Hand bietet zusätzliche Sicherheit und kann etwa vorsichtig auf dem Bauch des Babys abgelegt werden. Der Blickkontakt gefällt den Kindern sehr.

Die meisten Kinder mögen die eine oder die andere Trageposition lieber, Sie werden den Dreh schnell raushaben. Wenn Sie es beruhigen wollen, können Sie mit dem Arm auch etwas schaukeln und dabei rhythmisch singen (kein AC/DC oder Linkin Park). Tipp: Haben Sie immer ein Spucktuch elegant über Ihre Schulter drapiert, denn aus Babymündern kommt selten mal ein trockenes Bäuerchen.

Standardpflege

Auch um das Wickeln kommen Sie nicht herum. Wenn Sie allein sind, sowieso nicht – aber auch, wenn Ihre Frau daheim ist, können Sie mit gekonntem, fachgerechtem Wickeln wertvolle Vätermeilen sammeln. Machen wir also zunächst ein Mise-en-place wie ein Spitzenkoch in seiner Gourmetküche. Sie brauchen:

- eine saubere Windel
- einen Waschlappen
- eine Schüssel mit Wasser oder Feuchttücher
- Pflegeprodukte
- ein Handtuch
- Ersatzkleidung und ein Spielzeug
- gegebenenfalls einen Haarföhn zum Trocknen eines wunden Windelpopos (ja, tatsächlich, das funktioniert)
- Lassen Sie keine kleinen Gegenstände wie etwa Cremetubendeckel oder gar eine Nagelschere auf dem Wickeltisch liegen!
- Knöpfen Sie dann den Strampler und Body auf.
- Halten Sie mit einer Hand die Füße Ihres Kindes fest, damit es nicht die Windel vom Wickeltisch strampelt. Wichtig: Eine Hand bleibt immer am Kind!
- Heben Sie nun den Po leicht an und reinigen Sie Genitalbereich und Po (in dieser Reihenfolge).
- Lassen Sie das Baby etwas trocknen und ein paar Minuten ohne Windel liegen. Mit Ihrer Hand am Kind natürlich. In der kalten Jahreszeit den Heizstrahler zum Wickeln anstellen.
- Falls die Haut gerötet ist, helfen Föhn und/oder Babycreme.
- Dann heben Sie den Babypo erneut hoch, legen eine neue Windel unter und schließen sie. Knöpfen Sie Body und Strampler wieder zu oder ziehen Sie das Baby um – und fühlen Sie sich wie der König der Welt. Zurück zum Fußball.

Luxuspflege

Das Baden ist etwas aufwendiger und dauert etwas länger, aber Babys lieben es. Sobald der Nabel verheilt ist – also nach etwa drei bis vier Wochen – kann es losgehen. Die Babyhaut ist noch so empfindlich, dass es völlig ausreicht einmal in der Woche in die Wanne zu steigen. Das könnte doch eine Aufgabe sein, die Sie gern übernehmen! Heizen Sie das Badezimmer ordentlich auf, es kann ruhig 22 bis 25° C haben, und halten Sie Fenster und Türen geschlossen, damit Ihr Baby nicht durch Zugluft auskühlt. Das Wasser darf auch schön warm sein, natürlich nicht brühend heiß (idealerweise 35 bis 37°C – ein Badethermometer ist hilfreich).

- Legen Sie alles bereit, was Sie während oder nach dem Babybad brauchen, bevor Sie beide in die Wanne steigen. Dazu gehören neben einer frischen Windel und sauberer Kleidung auch eine Babybürste und gegebenenfalls Babycreme. Zwei Handtücher sind empfehlenswert, um das Baby nach dem Baden abzutrocknen. Eines davon können Sie auf dem Heizkörper anwärmen, dann hat es Ihr Baby nachher schön gemütlich.
- Als Badezusatz haben wir immer ein paar Tropfen Mandel- oder Olivenöl verwendet.
- Legen Sie sich dann mit Ihrem Kind ins warme Wasser. Halten Sie es immer gut fest, genießen Sie den Körperkontakt. Ein Waschlappen zum Waschen reicht völlig aus.

Empfehlenswert ist das Bad als tiefenentspannende Maßnahme am Abend kurz vorm Schlafengehen. Wenn sich alles ausgeht, sollte das Baby danach wie ein Baby schlafen. Lassen Sie es nie allein, auch nicht für eine Sekunde! Ein praktischer Tipp, wenn das Baby schon allein sitzen kann: Stellen Sie eine Babybadewanne oder einen Babyeimer in die Wanne und lassen Sie das Baby allein darin baden. Aber auch hier: Bleiben Sie bitte im Bad und sehen Sie Ihrem Baby beim Planschen zu.

Babymassage

Überraschen Sie nicht nur Ihr Baby, sondern auch Ihre Frau und sich selbst einmal mit einer ganz einfühlsamen Aktion: der Babymassage. Legen Sie das Baby bereit und heizen Sie den Raum kräftig auf, 25° C sollten es mindestens sein. Legen Sie ein Handtuch auf die Wickelauflage und machen Sie den Heizstrahler an. Reiben Sie Ihre Hände warm und ölen Sie sie ein (z.B. mit Baby- oder Mandelöl). Und los gehts.

- Das Baby liegt ohne Windel auf dem Rücken. Streicheln Sie sein Gesicht langsam mit Ihren Daumen von der Nase über die Wangen herab. Beliebig oft wiederholen.
- Streicheln Sie sein Gesicht mit Ihren Daumen von der Stirn zu den Schläfen.
- Jetzt ist der Körper dran: Streichen Sie mit der Hand von der linken Schulter bis zur rechten Hüfte, dann von der rechten Schulter zur linken Hüfte.
- Legen Sie eine Hand auf seine Brust und streichen nach außen zum rechten Babyarm. Dann legen Sie die Hand wieder auf seine Brust und streichen zu seinem linken Arm.
- Streichen Sie kreisend mit Ihrer Hand über seinen Bauch, und zwar (Achtung, Esoterik-Alarm!) nur im Uhrzeigersinn; das entspricht der Richtung, den das Essen im Verdauungstrakt nimmt und wirkt entspannend.
- Legen Sie Ihr Baby jetzt auf den Bauch und unternehmen Sie einen kleinen Koordinationstest für sich selbst: Legen Sie beide Hände nebeneinander und quer auf den Nacken des Babys. Während die eine Hand schiebt, ziehen Sie die andere quer zur Wirbelsäule über den Rücken und bewegen sich so bis zum Po.
- Streichen Sie anschließend längs vom Nacken zum Po aus.
- Wiederholen Sie die Bauchmassage, und wenn es Ihr Baby mag noch einmal die Rückenmassage.

- Drehen Sie das Kind wieder auf den Rücken. Umfassen Sie mit einer Hand einen Oberarm und ziehen Sie Ihre Hand langsam den Babyarm entlang zur Hand des Babys hin.
- Machen Sie dergleichen Prozedere mit seinen Beinen.

Das sagt die Wissenschaft

WARUM BERÜHRUNGEN FÜR BABYS SO WICHTIG SIND

Der Tastsinn ist der erste Sinn, der sich entwickelt. Schon sechs Wochen nach der Zeugung reagiert der Embryo auf Berührung. Wahrscheinlich gibt es für Babys nichts Wichtigeres als Körperkontakt. Versuche der US-amerikanischen Psychologin Tiffany Fields zeigen, dass Kinder, die regelmäßig massiert und gestreichelt werden, aktiver und ausgeglichener sind, besser schlafen und seltener weinen. Selbst die Nahrungsverarbeitung scheint bei Schmusekindern besser zu funktionieren (was bedeutet: weniger Bauchweh).

Umgekehrt sind in ziemlich grausamen Tierversuchen junge Affen, Katzen und Ratten trotz perfekter Pflege und Nahrungszufuhr eingegangen, wenn ihnen jeglicher Körperkontakt zur Mutter oder zu anderen Tieren verwehrt wurde.

Bei all diesen Vorgängen spielt das wundersame Hormon Oxytocin eine Rolle (siehe Seite 69), das bei jeder Art von angenehmem Hautkontakt vermehrt ausgeschüttet wird, übrigens nicht nur bei kleinen, sondern auch bei großen Menschen. Es gibt sogar einen doppelten Nutzen der Berührung: Auch die Ausschüttung des Stresshormons Cortisol verringert sich beim Streicheln.

Kurzum: **Werden Sie zum Schmusepapa,** haben Sie keine Scheu, immer und immer wieder den Körperkontakt zu suchen. Das tut Ihrem Kind gut – und Ihnen selbstverständlich auch.

LEKTIONEN IN AKUSTIK

Wenn ein Baby in Tränen ausbricht oder einfach nur schreit sorgt das bei der frischgebackenen Mama wie beim Neu–Vater die ersten Male für Verwirrung, mitunter sogar für Entsetzen. Auf Dauer entwickeln Eltern aber tatsächlich ein Gehör für unterschiedliche Schreivarianten, wenn man genau hinhört (und man hat ja keine Wahl), so hört sich das Schreien je nach Situation und Anlass anders an und verlangt naturgemäß unterschiedliche Beruhigungsstrategien.

Der »Hallo-wo-seid-ihr? Ich-bin-ganz-alleine!«-Schrei

Es fängt mit einem kleinen Glucksen oder einem Mini-Babygeräusch an, und dann geht sehr schnell die Sirene los. Der Grund: Das Baby ist plötzlich ganz allein in seinem Bettchen aufgewacht und niemand ist da. **Tipp:** Sofort hineilen, hochnehmen und trösten, um weiteren Panik- und Schreiattacken vorzubeugen.

Der »Ich-bin-im-Stress-Ich-brauche-jetzt-sofort-meine-Ruhe«-Schrei

Unverkennbar an der Körperhaltung. Baby ist angespannt, die Hände sind zu Fäusten geballt. Es schreit laut, aber eher abgehackt und schrill. Das Ganze kann zu einem untröstlichen Dauergeschreie werden, das durch Wände und Verbundglas dringt. **Tipp:** Musik aus, Fernseher aus, sämtliche Geräuschquellen reduzieren oder den Ort des Geschehens (Kaufhaus, Freunde) rasch verlassen; auch nicht mehr das Baby herumtragen und möglichst schnell ins heimische Nest transportieren. Dann bitte in der Nähe bleiben, hin und wieder zum Baby gehen und es streicheln.

Der »Ich-verhungere-gleich«-Schrei

Dass Hunger schlimmer als Bauchweh ist, trifft auf alle Babys zu. Der Schrei ist allerdings relativ schwer vom Schreityp »Hallo-wo-seid-ihr?« oder »Mir-ist-ja-so-langweilig« zu unterscheiden, wenn man nicht gerade hinsieht. Denn ein untrügliches Zeichen für Hunger ist, wenn Baby erst quengelt, dann an den Fäusten nuckelt, weint und gleichzeitig schmatzende Geräusche von sich gibt.

Tipp: Hat es wirklich Hunger? Dann entweder stillen oder füttern und darauf achten, ob es alles bei sich behält.

Der »Mir-ist-ja-so-langweilig«-Schrei

Strampelt und rudert es wild mit den Armen, ist das eine eindeutige Aufforderung an Mama oder Papa jetzt mal mit der Bespaßung zu beginnen. Rein schreitechnisch beginnt alles bei eher mittlerer Lautstärke und kann auch von Pausen durchbrochen sein, in denen Baby wartet, dass sich endlich etwas tut.

Tipp: Sich mit dem Baby befassen, also mit ihm reden, es ein bisschen nachmachen, Gesichter schneiden. Ein paar Spiele, die ihm Spaß machen und Ihnen vielleicht auch, finden Sie ab Seite 110.

Der »Ich-bin-total-müde«-Schrei

Baby quengelt, hat aber keinen Hunger. Dafür gähnt es und reibt sich die Augen und das Gesicht. Ist es überreizt, stellt sich der Schlaf nicht so schnell ein, dafür wird das Schreien noch lauter und verzweifelter.

Tipp: Eine anstrengende Situation, die sich durchaus ziehen kann. Am besten in der Nähe sein, aber nicht zu hektisch agieren. Normalerweise pendelt es sich nach sechs Monaten ein, dass Babys nach einer relativ kurzen Weinphase einschlafen.

Der »Mir-geht-es-echt-schlecht«-Schrei

Wohl der intensivste und gellendste Schrei aus dem Baby-Repertoire. Das Baby ist dabei angespannt und wälzt sich hin und her, auch bekommt es vor lauter Schreien kaum Luft.

Tipp: Erst einmal inspizieren, wo es haken könnte. Hat sich ein Haar um den Zeh geschnürt (kommt öfter vor als man denkt und tut sehr, sehr weh). Ist der Po wund, hat das Baby Blähungen (hier die Sofortmaßnahme Fliegergriff einleiten, siehe Seite 97). Ebenfalls hilfreich: Legen Sie Ihrem Kind eine angenehm warme Babywärmflasche auf den Bauch. Oder Sie massieren den Bauch des Babys mit sanften, kreisenden Bewegungen im Uhrzeigersinn mit Kümmelöl.

Wichtig bei alledem ist, dass Sie für sich einsehen, dass ein Baby in den ersten sechs Monaten noch nicht fähig ist, Geduld zu entwickeln. Baby schreit, wenn ihm etwas fehlt und dann braucht es Zuwendung, und zwar pronto. Ein Baby in diesem Alter kann man also noch nicht »verziehen« und es versteht auch solche Sätze nicht wie »In der Ruhe liegt die Kraft« oder »Nur die Harten kommen in den Garten«. Kinderpsychologen wissen, dass es für die frühkindliche Entwicklung am besten ist, wenn die Eltern beim Schreien schnell und adäquat reagieren und dabei vor allem möglichst viel Ruhe ausstrahlen und das Baby nicht durch die eigenen Nervosität noch mehr kirre machen.

Gegen Ende des ersten Lebensjahres haben Babys meistens gelernt, dass Mama und Papa nicht nur auf der Welt sind, wenn Sie neben ihm stehen oder es im Arm halten. Jetzt können Sie meist auch schon rufen und sich auch kurz gedulden. Das Vertrauen ist da und es fühlt sich nicht bedroht, wenn man nicht sofort herbeisprintet.

Bis dahin heißt es aber: Bei Baby-Schreialarm sofort reagieren!

Tipp

WENN BABY IMMER WEITER SCHREIT ...

... ist das eine nervenaufreibende Angelegenheit. Das Schlimme ist eben, dass es nicht sagen kann, wo es hapert, und dann steht man ratlos da und blickt auf das tobende Bündel. Was tun?

Jetzt stellt sich die Frage, **ob es sich bei dem kleinen unglücklichen Wesen um ein Schreibaby handelt.** Die ist schwierig zu beantworten, da alle Babys in den ersten Monaten schreien, je nach Veranlagung mehr oder weniger.

Nach drei Monaten kehrt Ruhe ein, dann ist das Verdauungssystem in der Regel nachgereift, das vor allem kleinen Jungen zu schaffen macht. Wenn ein Baby aber nach dieser Zeit an mehr als drei Tagen in der Woche länger als drei Stunden schreit und das über einen Zeitraum von drei Wochen, sprechen Kinderärzte von einem Schreibaby. In diesem Fall sollten Sie sich professionelle Hilfe suchen, denn dann sind die Schreiattacken untröstlich und belasten die junge Familie.

Dabei müssen noch zwei bis fünf der folgenden Symptome zutreffen:

1. Das Schreien hört erst auf, wenn das Baby völlig erschöpft ist.
2. Die Augen des Babys sind ängstlich oder wütend.
3. Das Baby versteift sich beim Schreien.
4. Das Baby fängt aus jedem Anlass heraus an zu weinen und erträgt kaum Geräusche oder wenn Mama oder Papa das Zimmer verlassen.
5. Das Baby ist untröstlich. Weder Stillen, Fläschchen, Herumtragen, Schaukeln oder Schnuller helfen.

Eltern mit Schreibabys finden Hilfe bei ihrem Kinderarzt, bei Erziehungsberatungsstellen oder bei sogenannten Schreiambulanzen (siehe Seite 172).

MÄNNERABEND

Minimieren Sie die Zeit, die Sie mit Ihrem Baby ganz allein sind. Das hat Gründe. Vor allem sind Babys zunächst wenig unterhaltsam. Aber man fühlt sich auch sicherer, wenn man zu mehreren ist und irgendetwas Komisches passiert. Deswegen hat die Natur bei der Erziehung Teamarbeit vorgesehen.

Wenn dieses Buch eine Kernbotschaft hat, dann diese: Schaffen Sie sich Verbündete.

Mama hat jetzt frei

Manchmal braucht Ihre Frau eine Auszeit. Nein, sie hat sie sich sogar verdient, und Sie sollten ihr einen Abend pro Woche zugestehen, an dem sie ausspannen kann, wenn Sie nicht wollen, dass die Beziehung zwischen Stress, Geschrei und vollen Windeln vor die Hunde geht. Also darf Ihre Frau mit ihren Freundinnen um die Häuser ziehen und sich einen kühlen Pinot Grigio gönnen, während Sie sich mit Hingabe um Ihre kleine schreiende Prinzessin oder den tobenden Thronfolger kümmern. Zumindest vermitteln Sie das Ihrer Frau glaubhaft, damit diese erstens ohne schlechtes Gewissen das Kind bei Ihnen lässt und zweitens genau weiß, was sie an Ihnen hat.
Bevor Sie in Panik verfallen, nachdem die Tür ins Schloss gefallen ist, machen Sie Ihrerseits das Beste draus: Spannen Sie Ihre Freunde ein. Idealerweise veranstalten Sie einen Männerabend und laden Ihre Kumpels zu sich ein. Vielleicht schaffen Sie es ja, *Ihr* Heimspiel ganz passend auf einen Champions-League-Spieltag zu legen. Mit Fußball im

Fernsehen fällt auch der Lärm gar nicht so auf, den Ihr Kind verursacht. Nein, Scherz beiseite. Wenn Ihr Baby ausgeschlafen ist, wird es die Runde mit lustigen Menschen mit tiefen Stimmen durchaus genießen.

Ehrlich: Gegen eine komplette Südkurve hat es auch das beste Brüllorgan schwer.

Allerdings lohnt es sich, das Ganze gar nicht so weit kommen zu lassen. Lesen Sie sich am besten noch einmal die Tipps für die unterschiedlichen Schreitypen durch und Sie sind einigermaßen auf der sicheren Seite. So haben alle gewonnen.

Sie sind der Boss!

Sie haben was von Ihren Kumpels, können nebenbei Ihr Kind im Arm halten und, wenn Sie geschickt sind, auch noch ein Bier dabei trinken. Sie können ihm Fußballlieder vorsingen, die es mag und sind ganz der smarte Papi, der trotz Baby noch ein anständiger Freund geblieben ist. Aber nutzen Sie Ihre Kumpels nicht allzu offensichtlich aus. Fürs Kuscheln, Füttern und Windelnwechseln bei Ihrem Kind sind allein Sie zuständig. Kein noch so guter Freund würde Ihnen eine Arbeitsteilung verzeihen. Zeigen Sie sich froh, dass Ihre Kumpels Sie mit ihrer Anwesenheit unterstützen. Grillgut und Getränke gehen selbstverständlich auf Sie. Und auch das Zu-Bett-Bringen ist Chefsache.
Nie werde ich es einem bis dahin guten Freund verzeihen, dass er mich bat, seine Tochter in den Schlaf zu lesen. Ich sagte nicht schnell genug »Nein!«, legte mich also komplett angezogen ins Ehebett des guten Freundes, wo seine zweijährige Tochter am liebsten einschlief, und las ihr eine Geschichte über sprechende Pilze im Wald vor, während die Eltern in der Küche scherzten und mit Wein anstießen.

Das sagt die Wissenschaft

SUPER-PAPIS GEFRAGT

Nehmen Sie es wie ein Kerl. Sie stehen nicht mehr im Mittelpunkt (falls Sie da überhaupt je standen). Es dreht sich alles ums Kind, Ihre Frau hat nur noch Augen für volle Windeln. Dabei ist das ein bisschen unfair. Die Väterforschung ist ein völlig neues Gebiet; erst seit knapp 30 Jahren hat man sich mit der Rolle des Vaters beschäftigt. Ihr eigener Vater hat also mit Pi mal Daumen klarkommen müssen. Aber alle Untersuchungen zeigen: Kinder brauchen Väter, um sich optimal entwickeln zu können. Und: Väter sind in fast allen Belangen genauso gut wie Mütter. Sie sind emotional von ihrem Baby bewegt. Herzfrequenz, Blutdruck und Hautreaktionen wie etwa die Schweißproduktion verändern sich bei Vätern beim Anblick ihres Babys genauso wie bei Müttern. Väter füttern ihre Babys auch instinktiv »richtig«; sie ahnen intuitiv, wann es eine Trinkpause einlegen will. **Väter kümmern sich übrigens besser um die Kinder, wenn die Mütter nicht dabei sind** (die Natur gibt ihnen einen Tritt in den Hintern). Und Väter, denen Forscher die Augen verbunden hatten, fanden ihr eigenes Baby unter vielen innerhalb einer Minute mit Tasten heraus. Nur beim blinden Abtasten des Gesichts sind Mütter deutlich besser als Väter, vermutlich durch die Nähe beim Stillen. Doch auch, wenn Sie von diesem Procedere naturgemäß ausgeschlossen sind, können auch Sie durch Füttern die Papa-Kind-Bindung festigen. Denn Stillen ist nicht nur Spaß und Innigkeit. Zwischenzeitlich kann das Milchgeben zu einer ziemlich mühsamen, auslaugenden und anstrengenden Tätigkeit für Ihre Frau werden, für die sie aber auf Abruf bereitstehen muss. **Dank Fläschchen und Milchpumpe können Sie hier heldenhaft einspringen,** Ihr Baby bevatern, Ihre Frau entlasten und sich toll fühlen, dass auch Sie Ihr Kind im wahrsten Sinn des Wortes ernähren können.

MUSS SEIN: SPIELEN MIT DEM KLEINEN

Spielen macht Ihrem Kind viel Spaß und es lernt dabei auch jede Menge. Das ist auf den ersten Blick nicht so ganz ersichtlich. Aber auf jeden Fall ist ein Baby unglaublich begeisterungsfähig und Sie werden sich nach kurzer Zeit vorkommen wie ein erfolgreicher Standup-Comedian, auch wenn sonst bisher noch niemand so recht über Ihre Witze lachen konnte.

Die Klassiker

Auf das meiste kommen Sie und Ihre Frau sicher von ganz allein – das Herumalbern mit dem Baby machen besonders junge Väter ganz intuitiv. Hier die beliebtesten Babyspiel-Klassiker:

Kuckuck

Das geht sehr einfach und Sie werden sich zu Beginn etwas idiotisch vorkommen, aber es dient der guten Sache. Es funktioniert schon bei sehr kleinen Babys zwischen 0 und drei Monaten. Also: Baby liegt auf dem Rücken im Bettchen, auf dem Sofa, auf dem Wickeltisch. Sie halten sich ein Handtuch vors Gesicht, rufen »Kuckuck!« (nicht schreien, sonst bekommt es Angst) und plötzlich tauchen Sie hinter dem Tuch auf. Reaktion: »Haha!«»Kuckuck!« »Haha!« »Kuckuck!« »Haha!« Ihnen wird langweilig? Ihrem Baby nicht.

Hoppe, hoppe

Denselben Effekt erzielen Sie bei Ihrem Baby, wenn es schon gut sitzen kann, mit Reiterspielen, bei denen der ungeschickte Reiter ständig vom Pferd fällt, aber von Mama oder Papa immer wieder aufgefangen wird. Sie erinnern sich, es geht so: Hoppe, hoppe Reiter, wenn er fällt, dann schreit er. Fällt er in den Graben, fressen ihn die Raben. Fällt er in den Sumpf, macht der Reiter plumps. Ähnlich amüsant und sehr beliebt bei

Vätern (bei Müttern seltsamerweise weniger): das »In-die-Luft-werfe-Spiel«. Bitte hierbei die eigenen Fangqualitäten nicht überschätzen ...

Singen

Wenn Sie dachten, Ihre Frau hätte die lieblichere Stimme: Pustekuchen. Babys stehen auch auf mehr oder weniger lyrische Tenöre und Bässe. Hauptsache, es summt und brummt. Wenn sie im deutschen Kinderliedgut nicht sehr firm sind, können Sie Ihrem Kind auch Fankurvengesang oder was Aktuelles aus den Charts vorsingen. Wie gesagt, Babys sind bei Gesangsvorträgen durchaus auch mit unprofessionellen Darbietungen zufriedenzustellen.

Sachen verstecken

Sehr lustig für etwa halbjährige Babys. Jetzt kommt Spannung ins Spiel. Wenn »Kuckuck« ausgereizt ist, dürfen Sie auch mal zaubern. Spielzeug verschwindet auf magische Weise unter einem Tuch und taucht dann wieder auf. Ein Versteck-Klassiker: Klauen Sie Babys Nase.

Wasserspiele

Was bei den meisten Babys auch immer gut ankommt, sind Spiele rund ums Wasser. Nehmen Sie beim nächsten Badetag (siehe Seite 100) einfach mal einen Strohhalm mit in die Badewanne und pusten Sie damit Blubberblasen ins Wasser. Ihr Baby wird glucksen vor Spaß.

Krabbelspiele

Kennen Sie den schon? »Kleine Schnecke, kleine Schnecke, krabbelt rauf, krabbelt rauf, krabbelt wieder runter, krabbelt wieder runter, kitzelt am Bauch, kitzelt am Bauch.« Wenn Sie diesen, zugegebenermaßen etwas idiotischen Sprechgesang von sich geben und dazu passend mit Ihren Fingern Krabbelbewegungen auf Ihrem Baby machen, ist das für Ihr Kleines ein Brüller.

Tipp

DER BABY-WORKOUT

Die Zeit fürs Fitnessstudio ist knapp, aber von diesem Mini-Workout haben sowohl Ihr Baby als auch Sie etwas. Einerseits bieten Sie Ihrem Kleinen Unterhaltung (und eine willkommene Abwechslung zu den klassischen Babyspielen), andererseits bringen Sie sich ein wenig in Form. **Mein Tipp:** zweimal die Woche zehn Minuten. Ihre Frau kann die Übungen übrigens auch durchführen. Sie sind sehr gut für die Rückbildung nach der Geburt und um wieder in Form zu kommen (stressen Sie sie aber nicht damit!).

Für die Beine

❯ Nehmen Sie Ihr Baby auf den Arm und haben Sie einen guten Stand. Halten Sie es nah an Ihrem Oberkörper und gehen Sie in eine breite Grätsche. Knie und Zehenspitzen drehen Sie dabei nach außen.
❯ Spannen Sie Bauch- und Gesäßmuskulatur fest an und beugen Sie nun langsam die Knie. Atmen Sie dabei in Ihrem normalen Rhythmus.
❯ Gehen Sie so tief in die Kniebeuge bis Sie die Spannung in den Oberschenkeln spüren. Halten Sie die Spannung kurz, kommen Sie langsam wieder hoch und wiederholen Sie den Bewegungsablauf 10- bis 15-mal.

Für den Rücken

❯ Legen Sie sich auf den Rücken, winkeln Sie Ihre Beine an und legen Sie Ihr Baby, das zu Ihnen blickt, auf die Oberschenkel. Halten Sie Ihr Kind mit beiden Armen fest und heben Sie mit angespanntem Gesäß Ihr Becken an, so dass Oberschenkel und Oberkörper eine Ebene bilden.
❯ Wippen Sie langsam 20- bis 30-mal mit dem Becken auf und ab, indem Sie beim Hochziehen immer wieder das Gesäß fest anspannen.

Danach langsam absenken, eine kurze Pause einlegen und das Ganze noch einmal wiederholen.

Für die Brust- und Oberarmmuskulatur

❯ Setzen Sie sich auf die Vorderkante eines Stuhls. Halten Sie Ihren Rücken gerade, Ihre Beine stehen hüftbreit auseinander. Das Baby platzieren Sie nun bäuchlings auf Ihren leicht gebeugten Unterarmen.

❯ Heben Sie die Arme mit dem Baby bis auf Schulterhöhe, kurze Pause, senken Sie die Arme bis kurz über den Schoß. Die Übung fünf- bis zehnmal wiederholen.

Für die Schultern

❯ Stehen Sie hüftbreit. Ihre Beine sind leicht gebeugt. Ziehen Sie jetzt den Unterbauch ein und spannen Sie gleichzeitig Ihre Gesäßmuskeln an. Halten Sie Ihr Baby unter seinen Achseln mit beiden Händen gerade vor sich, so dass es Sie anschauen kann.

❯ Nun heben Sie Ihre kleine Lebendhantel langsam so weit über Ihren Kopf, bis Ihre Ellenbogen fast durchgestreckt sind. Achten Sie darauf, dass bei diesem Bewegungsablauf Ihre Bauch- und Gesäßmuskulatur angespannt bleiben. Der Rücken bleibt so gerade.

❯ Danach bringen Sie das Baby langsam in die Ausgangsposition und wiederholen das Ganze zehnmal. Immer schön das Baby anlächeln!

Für die Bauchmuskeln

❯ Legen Sie sich auf den Rücken, Ihre Beine sind angewinkelt, die Füße flach aufgestellt. Legen Sie Ihr Baby jetzt bäuchlings auf Ihre Schienbeine, halten es am Brustkorb fest und heben es mit beiden Beinen hoch, bis Oberschenkel und Rumpf einen Neunzig-Grad-Winkel bilden.

❯ Ziehen Sie jetzt Ihre Knie etwas an die Brust. Dann die Beine in die Ausgangsstellung bringen. Fünf- bis zehnmal wiederholen.

Schlaf, Kindlein schlaf

WARUM SEX, WENN MAN AUCH SCHLAFEN KANN?

Alle Babys haben einen schwerwiegenden Geburtsfehler: Sie wissen nicht, dass die Nacht zum Schlafen da ist. Sie durchlaufen zwar Phasen von ausgeprägter oder nachlassender Aktivität, aber diese Phasen sind völlig unabhängig vom Vorhandensein – oder der Absenz – von Tageslicht. Das ist schlecht für die Eltern. Ein Neugeborenes schläft oft nur eine Stunde am Stück und wacht dann kurz auf. Manchmal schläft es weiter, manchmal auch nicht.

> Das Baby verlangt auch in der Nacht den Service eines Luxushotels, nämlich warme Mahlzeiten (die Brust) und Spa-Anwendungen (frische Windeln).

Das stresst und gehört zu den schwierigsten Phasen des Elternwerdens. Jedenfalls bis zur Pubertät Ihres Kindes. Sie werden auf dem Zahnfleisch gehen. Stellen Sie sich darauf ein und nehmen Sie es als sportliche Herausforderung, dann fällt es Ihnen leichter.

Mit etwas Glück schlafen manche Kinder nach ein bis zwei Monaten schon fünf Stunden, nach einem halben Jahr sollte zumindest ein Teil der Nacht auch für Sie wieder zum Schlafen da sein, denn dann schlafen die meisten Babys sechs Stunden durch. Das Glück ist aber noch längst nicht komplett, denn zumeist sind Ihre und seine Schlafstunden nicht deckungsgleich – das wäre wohl auch zu viel verlangt.

Und selbst wenn: Ein Baby, das um 20 Uhr einschläft, ist zwischen 2 und 4 Uhr morgens ausgeschlafen und putzmunter. Erkennen Sie den Haken an der Sache?

»Unseres schläft schon durch.«

Das Gemeine ist, dass man immer wieder Eltern trifft, die freudestrahlend von ihrem tief schlafenden Nachwuchs berichten, der spätestens zur Tagesschau ins Bett geht und am nächsten Morgen zum Frühstück geweckt werden muss. Der Neid wird in Ihnen aufsteigen, aber trösten Sie sich: Diese Eltern werden sich spätestens in acht Jahren mit Töchtern herumschlagen, die unbedingt gepierct werden wollen, oder mit Söhnen, die ständig beim Klauen erwischt werden. Das ist zwar nicht wissenschaftlich erwiesen, aber die göttliche Gerechtigkeit sorgt für diesen Ausgleich. Vertrauen Sie mir. Die gute Nachricht, bevor Sie jetzt eine Heidenangst bekommen: Es gibt jede Menge Tricks, dem Baby das Schlafen beizubringen. Sie können mit einem ganzen Arsenal von Möglichkeiten die Nacht wieder zu einer echten Nacht werden lassen.

Auf die harte Tour ...

Davon ist einiges umstritten, etwa die herzlose Ferber-Methode, benannt nach Dr. Richard Ferber, die im Wesentlichen aussagt, dass man das Baby gefälligst im Bettchen schreien lassen soll. Man bringt es ins Bett und lässt es allein im dunklen Zimmer; wenn es nicht einschläft, lässt man es fünf Minuten weinen, dann kehrt man kurz und knackig zum Trösten zurück und lässt es wieder allein. Dieses rabiate Spielchen kann man bis zu zwei Stunden wiederholen. Kritiker und ich wenden ein, dass man dem Kind damit eine echte Macke mit auf den Weg gibt. Wenn es nicht einschläft, dann darf man zwar versuchen, es ein-, zweimal zum Schlafen zu überreden, aber wenn es dann immer noch weint, dann will es nun einmal die Mutter oder den Vater. Das ist nun einmal so. Sie können ja trotzdem noch weiter den neuesten Bruce-Willis-Film anschauen, nur halt etwas weniger laut (Sie wissen ja, wie eine Explosion klingt) und mit dem dann hoffentlich langsam einschlafenden Baby im Arm gemütlich auf dem Sofa kuscheln. Wem sollte diese Nähe schaden? Genau, niemandem. Ihnen nicht, Ihrem Baby nicht und Ihrer Frau erst recht nicht, die ein paar Stunden Ruhe hat. So sammeln Sie effektiv Vätermeilen.

... und auf die sanfte

Es gibt eine ganze Reihe anderer Einschlafrituale und -tricks, die viel entspannter daherkommen. So sollten Sie das Wort »Ritual« wörtlich nehmen. Sorgen Sie am Abend für eine möglichst gleich bleibende Struktur, singen Sie immer das gleiche Schlaflied, ziehen Sie die Spieluhr auf, sagen Sie einen Kinderreim auf. Und strahlen Sie Ruhe aus, selbst wenn sie innerlich brodeln. Tipp von Spitzensportlern in Stresssituationen: Machen Sie alles langsamer – gehen Sie langsamer, sprechen Sie langsamer, gestikulieren Sie in Zeitlupe. Auch wenn das Brodeln nicht nachlässt, strahlen Sie sofort Coolness aus. Unruhe oder die Befürchtung, dass das Kind nicht einschläft, sorgen garantiert für Schlafprobleme. Das wird im Kleinkindalter noch deutlicher, wenn Sie Konzertkarten haben, der Babysitter schon im Haus ist und Ihre Kinder eine Horrorshow abziehen, weil sie spüren, dass die Eltern auf schnelles Einschlafen drängen, um endlich aufbrechen zu können. Vielleicht hören die Kleinen auch das hupende Taxi vor der Tür. Nein, das Zubettbringen muss mit viel Liebe gestaltet werden. Auch ist es nicht nötig, im Zimmer tiefschwarze Nacht zu erzeugen; eine kleine Lampe mit gedämpftem Licht wirkt oft Wunder. NASA-Untersuchungen mit Astronauten, die im Weltall aus naheliegenden Gründen ebenfalls unter Schlafproblemen leiden, haben übrigens bläulich schimmerndes Licht als beste Einschlafhilfe ausgemacht.

Setzen Sie sich neben das Bett, halten Sie gegebenenfalls Händchen. Vergessen Sie Dr. Ferber.

DIE BESTEN EINSCHLAFRITUALE

Schon Babys lieben Einschlafrituale. Sie beruhigen die Kleinen, vermitteln Vertrauen und schon bald werden auch Sie als Papa diese letzten Minuten vor dem Einschlafen genießen. Ein liebevolles Abendritual schließt den Tag ab, läutet die Nacht ein und erleichtert schon den ganz Kleinen den Übergang von der Aktivität zur Ruhe, vom Hellen zum Dunklen und vom Wachen zum Schlafen. Die Zeit dafür sollten Sie dabei nicht zu knapp bemessen. Stehen Sie unter Zeitdruck, weil Sie eventuell noch ausgehen wollen, beginnen Sie lieber etwas früher, damit sich Ihre Hektik nicht auf das Kleine überträgt. Ist im späteren Tagesablauf zu viel los, reagieren Kinder oft überdreht und schlafen dann auch schlechter ein. Die Einschlafrituale ändern sich auch im Laufe der Zeit und darauf haben Sie als Eltern dann so gut wie gar keinen Einfluss mehr.

Das hilft Ihrem Baby, zur Ruhe zu finden:

- **Ein abendliches Bad** oder eine kleine Katzenwäsche gehört in vielen Familien zum Abendritual. Es ist jedoch kein Muss. Wenn

Tipp

NUR KEINE UMSTÄNDE

Umständliche Einschlafrituale wie die berühmte Runde mit dem Auto um den Block, das Baby in der Tragetasche auf die laufende ruckelnde Waschmaschine stellen oder das Wachen am Bettchen, bis das Baby eingeschlafen ist, sollte man dagegen gar nicht erst einführen. Sie sind energieraubend (vor allem um diese Tageszeit) und Ihr Baby missbraucht Sie nolens volens als Einschlafhilfe, wofür es ehrlicherweise nichts kann. Denn wer kam denn auf die tolle Idee?

es besser in Ihren Plan passt, dann ist eben morgens Wasch- oder Badezeit. Solange das Ganze seinen festen Platz im Tagesablauf hat, gibt es Ihrem Baby Orientierungshilfe.

- **Das Umziehen zur Bettgehzeit** ist ein deutliches Zeichen, dass ein neuer Tagesabschnitt beginnt. Ihr Baby braucht noch keinen Schlafanzug, aber es kann zum Beispiel ein paar Tage lang nachts den gleichen Strampler tragen (solange der sauber bleibt). Schlafsachen riechen auch anders als die Tageskleidung, das ist gerade für Babys ein wichtiges beruhigendes Signal.
- **Eine ruhige Atmosphäre tut gut.** Am besten halten Sie sich mit Ihrem Kind schon rund eine Viertelstunde vor dem Zubettgehen im Schlaf- oder Babyzimmer auf. Das hilft allen, ein wenig runterzukommen. Dimmen Sie das Licht oder machen Sie nur eine kleine Lampe an. Sie können noch ein wenig mit Ihrem Kind kuscheln und mit leiser, ruhiger Stimme mit ihm sprechen. Auch eine sanfte Massage hilft Ihrem Kind, sich zu entspannen. Falls Sie gerne Musik laufen lassen, eignet sich etwas Ruhiges mit eher tiefen Tönen. Am besten hören Sie abends immer die gleiche Einschlafmusik. Das ist für Ihr Kind ein erkennbares Zeichen für die Ruhezeit.
- **Kinder lieben es,** wenn Dinge immer gleich ablaufen. Sie können Ihrem Baby daher ruhig auch jeden Abend im Bett das gleiche Lied vorsingen. Falls Singen nicht so Ihr Ding ist, ist auch eine Schlaflied-CD oder eine Spieluhr in Ordnung. Oder, wenn es etwas älter ist, die immer gleiche Geschichte zum Vorlesen oder Erzählen.
- **Zum Ausklang ist es schön,** wenn Sie ein paar Minuten lang Ihre Hände oder eine Hand auf dem Bauch, am Kopf oder dem Rücken Ihres Kindes liegen lassen. Je nachdem, was Ihr Kind mag. Wenn Sie merken, dass Ihr Kind ruhiger wird, können Sie die Hände wegnehmen und leise das Zimmer verlassen.
- **Körperkontakt ist toll fürs Baby** und für viele gibt es nichts Besseres, als an der Brust oder auf dem Arm einzuschlafen, während

Sie im Schaukelstuhl sitzen und sanft hin und her wippen. Das ist eine feine Sache und hin und wieder auch als Luxuseinschlafhilfe oder wenn es dem Baby nicht gut geht, optimal. Mit der Zeit entwickeln sich unter Umständen daraus aber Gewohnheiten, die auf Dauer ziemlich anstrengend werden können. Legen Sie es deshalb immer wieder in sein Bettchen oder ins Familienbett, setzen Sie sich dazu und helfen Sie ihm mit Streicheln, Kuscheln, Summen einzuschlafen. Wenn es ruhig ist, geben Sie ihm einen Gute-Nacht-Kuss und gehen Sie aus dem Zimmer.

- **Und noch ein guter Tipp:** Wenn Ihr Baby abends ohne ersichtlichen Grund vor dem Schlafengehen weint (das ist oft der Fall, vor allem in den ersten drei Monaten), unterbrechen Sie das Ritual und nehmen Sie sich die Zeit, um das Weinen mit Ihrem Baby durchzustehen. Am einfachsten geht es, wenn Sie sich darauf einstellen, dass nun Weinezeit ist und Sie dem Kind etwas Gutes tun, wenn Sie die Zeit aushalten und nicht durchdrehen. Am besten wechseln Sie sich dabei mit Ihrer Frau ab, so entwickeln Sie wenigstens solidarisch gleichfarbige Augenringe.

SCHLAFEN BEI **MAMA UND PAPA**

Und was ist mit dem Familienbett? Das galt noch bis vor wenigen Jahren als große Sünde. Ja, sogar die 68er-Generation war ganz schön herzlos in der Erziehung der Kinder, von den Erziehungsmethoden im Wilhelminischen Zeitalter oder in Sparta ganz zu schweigen. Dabei verschafft das Baby im Elternbett eine Menge Vorteile – zumindest in seinem ersten Lebensjahr. Es muss zum Stillen nicht extra aus seinem Bettchen geholt werden, was sich, vermuten Studien, positiv aufs Stillen insgesamt auswirkt. Nuckeln in vertrauter Umgebung sozusagen. Außerdem darf auch dasjenige Elternteil, das tagsüber bei der Arbeit war, noch ein wenig mit dem Kleinen schmusen und seine Nähe genießen. Klar, dass Sie darauf achten sollten, ihm nicht mit einem unbedachten Herumwälzen wehzutun; auch sollte das Baby nicht unter der dicken Bettdecke der Eltern liegen, sondern – wie im Kinderbettchen – in einem speziellen Schlafsack. Ein populäres Erziehungsbuch rät zudem davon ab, im Familienbett zu rauchen oder Drogen einzunehmen, falls Sie nicht schon selbst darauf gekommen sind. Der Hund und die Katze gehören übrigens auch nicht ins Bett.

»Italienische Verhütung«

Was sind die Nachteile des Familienbetts? Babys schlafen recht unruhig, außerdem kann es, wenn es älter wird und sich munter wälzen kann, rausfallen, denn meistens haben ja Ehebetten keine Gitter. Es sollte also in der Mitte schlafen; achten Sie auf jeden Fall darauf, dass rund ums Bett dicke Kissen liegen.

Auch Ihr Sexualleben, ohnehin nach der Geburt nicht gerade auf dem Zenit, wird weiter leiden. Das Schlafen der Kleinen im Ehebett, in mediterranen Ländern üblicher als im Norden, nennt sich folgerichtig auch »italienische Verhütung«.

Eine gute Alternative – auch für erwachsene Unruhigschläfer: einfach das Beistellbett oder das Körbchen neben das Elternbett stellen. Es gibt kleine Bettchen, die kann man regelrecht ans große Bett andocken. Dann ist die Nähe da, die dicke elterliche Bettdecke stellt keine Gefahr dar; auch Ihr unruhiger Schlaf tut dem Baby nicht weh. Und Ihre Hand ist immer zum beruhigenden Streicheln bereit.

Übrigens: Es wird ein- oder zweimal passieren, dass Ihr Kind von 20 Uhr bis acht Uhr morgens durchschläft. Darüber sind Sie dann so beunruhigt, dass Sie die ganze Nacht nicht einschlafen können, weil Sie nachsehen müssen, ob es noch atmet.

Und wann schläft es endlich durch?

Der Schlaf Ihres Babys wird in den nächsten Wochen und Monaten das Top-Gesprächsthema mit Ihrer Frau, Ihrer Schwiegermutter, Ihrer Mutter, Ihrem Vater, dem Bäcker und dem Mann an der Tankstelle sein, vom Spannungsgehalt noch nicht einmal durch die ersten Zähne zu toppen. Stellen Sie sich also darauf ein, dass Sie daheim in der nächsten Zeit nur wenig Ruhe finden werden. Jedes Baby tickt anders, ist im Besitz eines anderen Genpools – wie bei Erwachsenen gibt es Kurz- und Langschläfer, Lerchen und Nachteulen – und anderer Erfahrungen, die es mit Wachen und Schlafen im Mutterleib gemacht hat.

Viele Babys haben ihre liebe Mühe einzuschlafen. Vielleicht gehört Ihres dazu. Oder es schläft eine Weile gut durch und dann nicht mehr. Manche Babys kommen gut mit zehn Stunden rum, während andere bis zu 20 Stunden schlafen. Allerdings schlafen Babys nie richtig tief. Das hilft Ihnen dabei, dass sie ihre Bedürfnisse wahrnehmen und steckt als biologisches Überlebensprogramm tief in ihren Genen. Ist dem Baby zu kalt, zu warm, hat es Hunger, eine volle Windel?

In den ersten Monaten erarbeitet sich jedes Baby seinen Biorhythmus, der den Tag- und Nacht-Wechsel spiegelt. Allerdings heißt das für ein

Baby, dass auch nachts ruhig mal Tag sein kann und umgekehrt. Je nachdem, wie ausgereift sein Gehirn ist – auch das ist individuell völlig unterschiedlich – desto leichter findet es in diesen Rhythmus. Dabei können Sie nicht allzu viel tun, außer tagsüber möglichst Stress vermeiden, den Tag babygerecht strukturieren und sich als Einschlafhilfe anbieten. Die meisten kleinen Babys verfügen schon über begrenzte Fähigkeiten zur Selbstberuhigung. Sie nuckeln dann an ihren Händen oder wälzen sich ein bisschen hin und her. Je nachdem, wie Ihr Kind gestrickt ist und wie entspannt Sie und Ihre Frau in der ganzen Schlafphase agieren, entwickelt sich das weiter.

Ab circa vier bis sechs Wochen schlafen die Kleinen zumindest abends etwa um die gleiche Zeit ein und wachen morgens – und im Laufe der Nacht! – etwa um die gleichen Zeiten auf. Bis zum sechsten Lebensmonat wacht ein Baby normalerweise noch mindestens einmal pro Nacht auf, weil es dann Hunger hat. Danach sind die meisten Babys in der Lage, etwa sechs Stunden durchzuschlafen, manchmal sogar acht. Bis zum Ende des ersten Babyjahres sehen Sie sich nachts garantiert ein- oder zweimal in die Augen, das eine Augenpaar wach, das andere müde.

 *Tipp*

HILFE, ES SCHLÄFT NICHT!

Wenn Sie das Gefühl haben, Sie drehen aus Schlafmangel am Rad und entwickeln allmählich eine handfeste Depression, **suchen Sie sich Hilfe.** Erster Ansprechpartner ist immer der Kinderarzt. Vielleicht haben Sie auch eine liebe Oma zur Hand, die sich mal eine Nacht opfert und das Baby mit dem Fläschchen füttert (sofern es schon daran gewöhnt ist), damit Sie und Ihre Frau einmal schlafen können.

Das sagt die Wissenschaft

BABYS UND IHR EIGENWILLIGES SCHLAFVERSTÄNDNIS

Vom Schlaf aller Beteiligten hängt ganz entscheidend Ihr Wohlbefinden ab. Es lohnt sich also, einmal darauf zu schauen, was die Wissenschaft bislang über Schlaf bei Babys und Kleinkindern herausgefunden hat. Die erste wichtige Erkenntnis: Säuglinge gleichen lange Wachzeiten nicht durch besonders tiefen Schlaf aus, wie es ältere Kinder tun würden. Wenn Sie also glauben, Ihr Baby möglichst lange wach halten zu müssen, um danach lange Ruhe zu haben, liegen Sie falsch. Das legendäre »Müde spielen« funktioniert bei den kleinen Biestern einfach nicht. Selbst in der trockenen Wissenschaftssprache wird das Schlafmuster der Neugeborenen kurzum als »chaotisch« klassifiziert. Neugeborene verbringen fast ihre gesamten Schlafstunden mit REM-Schlaf, dem traumintensiven Schlaf, der durch rasche Augenbewegungen gekennzeichnet ist. Das Gegenteil von REM-Schlaf heißt Tiefschlaf, und da haben wir das ganze Dilemma. Die REM-Phasen nehmen nach etwa einem halben Jahr langsam ab, die Tiefschlafphasen nehmen allmählich zu. Am tiefsten schlafen Kinder kurz vor der Pubertät, aber bis dahin müssen Sie noch ein paar Jahre durchhalten. Bis zur Schule hat Ihr Kind mehr Zeit im Schlaf- als im Wachzustand verbracht. Warum Babys übrigens so viel schlafen und junge Erwachsene so wenig, ist für Wissenschaftler ein völliges Rätsel – weil nämlich auch noch unklar ist, was genau der Schlaf eigentlich bewirkt. Natürlich, er dient der Erholung, aber mehr weiß man nicht gewiss. Sicher ist, dass der Mensch schlafen muss. Schlafentzug ist eine schlimme Folter; waghalsige Versuche von Freiwilligen, möglichst lange wach zu bleiben, endeten in Totalzusammenbrüchen und Psychosen.

Hier ein praktischer Tipp: Kinder müssen nicht unbedingt viel schlafen. Sie sollen schlafen, wenn sie müde sind, denn Vorteile fester oder langer Schlafzeiten (beliebter Oma-Spruch bei jeder Gelegenheit: »Das Kind braucht Schlaf«) sind wissenschaftlich nicht belegt. Schon Säuglinge sind kleine Individuen; die meisten schlafen 14 bis 18 Stunden am Tag, aber manchen reichen auch 12, andere brauchen bis zu 20 Stunden. Auch wegen dieser großen Variabilität glauben Forscher nicht an ein »normales« oder gar zu normierendes Schlafverhalten. Damit nicht genug: Eltern würden durch die Ratgeberliteratur häufig verunsichert; ein Beharren auf eine feste Schlafdauer könne Schlafstörungen sogar fördern, wie Schweizer Wissenschaftler berichten. So seien die **elterliche Überschätzung des kindlichen Schlafbedarfs und falsche Einschlafgewohnheiten** die häufigsten Ursachen für Schlafstörungen im Kindesalter.

Auch die Wissenschaftsjournalistin Nicola D. Schmidt glaubt nicht an Schlafzwang und erst recht nicht ans Alleine-Einschlafen. Wenn das Kleinkind partout im Elternbett oder zumindest im Elternschlafzimmer schlafen will, dann soll es das tun. Dafür gibt es keine Altersobergrenze. Möglicherweise ist der Ratgeber-Tipp, das Kind sich in den Schlaf schreien zu lassen, sogar hinderlich für die Entwicklung. Entwicklungspsychologen glauben, dass der Bindungsstress und der erhöhte Cortisolspiegel zu Schäden führen können, außerdem verlieren die Kleinen das Gefühl der sogenannten Selbstwirksamkeit – sie erleben, dass sie an ihrer misslichen Lage ohnehin nichts ändern können. Lassen Sie sich also nicht von Ratgebern, die in den Fünfzigerjahren geschrieben wurden und die Ihre Eltern vielleicht noch beherzigt haben, in die Irre führen. Nichts ist gegen gesunde Härte einzuwenden – aber nur auf dem Fußballplatz.

Kurzum: **Wenn das Baby weint, nehmen Sie es auf den Arm.** Damit liegen Sie immer richtig und haben sich, vor allem, wenn Sie es auch in der Nacht tun, den Spitznamen »Superpapi« redlich verdient.

Papa kann auch kochen

KOCHEN FÜR **DIE LIEBSTE**

»Schatz, was hast du heute Schönes gekocht?« Wenn Sie diese Frage in den ersten Monaten stellen, wird die Antwort meist nonverbal ausgedrückt, im schlimmsten Fall mit einem auf Sie zufliegenden Küchenutensil. Wenn Sie sich richtig, richtig nützlich machen wollen, dann nehmen Sie besonders in den ersten Wochen und Monaten nicht nur die Rolle des Jägers ein, der das Geld heranschafft, sondern sorgen Sie auch dafür, dass das Essen für Sie und vor allem für Ihre Frau auf den Tisch kommt. Ihre Frau wird keine große Lust auf Kochen haben – und auch kaum dazu kommen –, aber gewaltigen Hunger verspüren, denn Stillen ist zehrend.

Was Ihre Frau als Schwangere nicht essen und trinken darf, weiß sie selbst am besten – sie kann schneller »Toxoplasmen« sagen, als Sie ein Bier bestellen können.

Man(n) wächst an seinen Aufgaben

Doch nach der Geburt setzt bei vielen jungen Müttern die Stilldemenz ein (siehe Seite 67). Ob es diesen Zustand klinisch wirklich gibt oder nicht, soll jetzt nicht diskutiert werden (vornehm heißt er übrigens »mütterliche Amnesie«); Tatsache ist, dass Ihre Frau durch Geburt, Schlafmangel und, wenn sie stillt, durch die ständige Stillerei mit Sicherheit kaputter ist als Sie und oft nicht mehr ganz bei der Sache. Daher kommen Sie jetzt auch auf Fachgebieten ins Spiel, die Sie bisher möglicherweise vertrauensvoll Ihrer Frau überlassen haben.

Immerhin braucht eine stillende Mutter rund 500 Kalorien mehr pro Tag, schließlich braucht ihr Körper jetzt Extra-Energie, um die Milch zu produzieren, den ständigen Schlafmangel einigermaßen wegzustecken und um gesund und fit zu bleiben. Eine Diät ist jetzt absolut kontraproduktiv, auch wenn einige Frauen während des Stillens etwas abnehmen (und darüber meist auch ziemlich froh sind). Stellen Sie sich also an den Herd und kochen Sie vernünftige Sachen, auf die Ihre Frau Lust hat. Lassen Sie es sich von einem Wahlitaliener sagen:

Vernünftiges Essen hilft in jeder Lebenssituation.

Haben Sie bislang noch nie gekocht? Zu diesem Thema gibt es jede Menge Literatur (siehe auch im Anhang Seite 170) – da können selbst diejenigen von Ihnen wertvolle Tipps extrahieren, die bislang nicht einmal unfallfrei ein Spiegelei braten konnten (und, ja, auch ich musste einst erst lernen, wie man ein gutes Spiegelei hinbekommt, obwohl ich mittlerweile selbst als Kochbuch-Autor reüssiert habe).

Frauen sollten in der Stillzeit nicht alles essen; alles, was nicht geht, ist auf den folgenden Seiten aufgelistet. Die frischgebackene Mama hat es schwer genug. Sie findet keinen Schlaf, ihre Brustwarzen sind wund, sie ist dauernd müde, ihr Mann schnarcht (ja, Sie!). Daher hat die Mutter Ihres Kindes alles erdenklich Gute verdient.

Einfach ausprobieren

Was genau »gutes« Essen für die junge Mama ist, ist nicht endgültig definiert. In erster Linie sollte sie das essen, auf was sie Appetit hat und was dem Baby nicht schadet, das ja quasi gefiltert alles mitbekommt, was Ihre Frau zu sich nimmt. Welche Sachen das genau sind, können Sie nur im Selbstversuch herausfinden. Manche Babys stecken blähende Hülsenfrüchte und Kohl im Muttermilchkonzentrat erstaunlich gut weg, andere nicht. Manche mögen es nicht, wenn ihre Mama Zwiebeln und Knoblauch verzehrt, andere bekommen einen wunden Po, wenn die Mama Orangen oder Tomaten isst. Aber wie gesagt, streichen Sie all diese Dinge erst vom Speiseplan, wenn Sie sich sicher sind, dass es da einen Zusammenhang gibt. Natürlich empfiehlt jeder Eltern-Ratgeber Bio-Produkte und unbelastete Lebensmittel. Das gilt aber nicht nur für Stillende, sondern eigentlich für jeden Menschen, der gerne gut isst; in jedem Fall sollten Sie in Ihrer neuen Position als Chefkoch und Food & Beverage-Manager Wert auf abwechslungsreiche Nahrung aus möglichst frischen Zutaten legen, also nicht unbedingt zur Tiefkühl-Pizza für 99 Cent greifen.

No Low-Carb

Die meisten Experten raten zu einer Ernährung mit reichlich langkettigen Kohlenhydraten. Die sättigen gut, sind ballaststoffreich, was wiederum gut für die Verdauung ist, und machen glücklich – also:

- Viel unpolierten Reis,
- Vollkornnudeln,
- Getreideflocken,
- Gemüse und Obst

auf die Teller. Gemüse, Salate, Kräuter und Obst sind außerdem reich an wertvollen Vitaminen und Mineralstoffen, alles gute Sachen, die Ihre Frau und das Baby bei Laune und guter Gesundheit halten. Die Stillzeit ist ganz sicher nicht der Zeitpunkt für eine Low-Carb-Diät. Und auch wenn es irgendwie nahe liegend scheint, muss Ihre Frau nicht plötzlich zehn Liter Milch trinken, um selbst entsprechend zu produzieren. Aber hochwertiges Eiweiß aus Milch- und Milchprodukten sowie Käse, Fleisch, Geflügel und Fisch gehören natürlich ebenfalls auf den Speiseplan.

Tipp

KOCHEN? GEHT DOCH!

Ab Seite 134 finden Sie ein paar einfache Lieblingsrezepte aus meiner italienischen Küche, mit der Sie in einer Woche zum Spitzenkoch werden – versprochen! Ansonsten finden Sie jede Menge Anregungen in der einschlägigen Kochbuch-Literatur. Sie können ja Ihre Zeit im Büro statt auf Facebook auf Seiten wie küchengötter.de verbringen oder, wenn Sie ein paar Brocken Italienisch können, bei giallozafferano.it, wo Sonia Peronaci, die exakt so aussieht, wie eine italienische Köchin auszusehen hat, die Rezepte sogar vorkocht.

❭ **Gut zum Vorkochen und Einfrieren** eignen sich neben Nudelsaucen auch Gulasch, Geschnetzeltes, Chili con carne, Rinderbraten und Rouladen, eigentlich jede Sauce auf Tomatenbasis, Maultaschen, Lasagne (Tipp für Vegetarier: in der mediterranen Variante mit Auberginen statt Hackfleisch), Hühnerbrühe und Gemüseeintöpfe.

❭ **Ebenso sinnvoll: Kaufen Sie einmal die Woche richtig vernünftig ein.** Wenn Ihre Einkaufstaktik bisher war, sich den größtmöglichen Einkaufswagen zu schnappen und dann alles, was bunt aussah, aufzuladen und die Lücken mit Bier aufzufüllen, dann ist es Zeit umzudenken und Supermärkte mit einem präzisen Plan – sprich: Einkaufszettel – zu betreten. Warum?

Weil Sie in den ersten Monaten wenig zum Einkaufen kommen werden und ganz sicher nicht »noch mal schnell« los können, weil Sie merken, dass das Salz fehlt.

❭ **Wenn Sie ein technisches Spielkind sind: Es gibt wunderbare Einkaufs-Apps fürs Smartphone** wie etwa »ShopShop« (0,79 Euro), eine Einkaufsliste, auf der man per kurzem Fingertipp erledigte Einkäufe durchstreichen und per Schütteln des Smartphones ganz von der Liste schmeißen kann. Cool, oder?

Aber bitte kein Stress!

Wie Sie inzwischen schon mitbekommen haben, sind auch junge Väter ziemlich gestresst und müssen mit gewaltigen Schlafdefiziten klarkommen. Daher sollten Sie Dinge tun, die Sie bislang noch nie gemacht haben. Diese Dinge lauten »Vorkochen« und »Vorratshaltung«. Wenn Sie zum Beispiel Nudeln mit Bolognesesauce machen, dann bereiten Sie gleich die doppelte oder dreifache Portion zu und frieren Sie sie portionsweise ein. Es ist auch keine Schande, eine der Omas nach Hilfe zu fragen. Meine Schwiegermutter ist in den ersten Monaten unserer Vermehrung in der Rolle der Großköchin voll aufgegangen; noch heute stürzen mir Wagenladungen von Plastikdosen mit Deckeln entgegen, wenn ich eine selten benutzte Tür im Küchenschrank öffne.

> Ja, wenigstens die Mahlzeiten sollten Sie genießen, denn Essen ist nicht nur der Sex des Alters, sondern auch der der jungen Eltern.

Aber: Machen Sie sich mit der Kocherei auch nicht verrückt. Lassen Sie weder bei Ihrer Frau noch bei sich Stress aufkommen und behelfen Sie sich auch mal mit Fertiggerichten und mit Lieferdiensten. Gutes Essen ist wichtig, aber gerade in den ersten Monaten zu dritt (oder zu viert oder zu fünft) müssen Sie kein Alain Ducasse sein.

Noch ein schönes Sprichwort aus Italien, das stillende Mütter mit auf den Weg bekommen: »Birra fa latte« – »Bier macht Milch«. Und wer würde Italienern in Fragen rund ums Kind ernsthaft widersprechen? Ein kleines kühles Pils hat sich Ihre Frau auf jeden Fall nach dem Stillen mal verdient. Und aus Solidarität trinken Sie eines mit.

Tipp

WAS IHRER LIEBSTEN JETZT GUT TUT…

Sorgen Sie bitte für angemessene Vorräte an folgenden Produkten, möglichst frisch und schadstofffrei, und machen Sie sich einen wöchentlichen Speiseplan.

❭ **Milchprodukte und (Bio-)Eier:** Neben Fleisch decken Vollmilch, Buttermilch, Joghurt und Käse den erhöhten Eiweißbedarf Ihrer Frau und liefern Jod und Vitamin B12.

❭ **Vollkornbrot:** Alle Vollkornprodukte sind reich an B-Vitaminen, Magnesium und Eisen.

❭ **Fisch:** Fisch liefert viel Protein, insbesondere Seefisch bringt zudem viel Jod. Die im Seefisch enthaltenen mehrfach ungesättigten Fettsäuren sind wichtig für das Wachstum der Nervenzellen im Gehirn.

❭ **Rindfleisch:** Protein, Eisen und Zink steckt reichlich in hochwertigem Rindfleisch. Besser noch ist Rinderleber, denn die beinhaltet besonders viel Folsäure und Vitamin B12, was beides für die Zellbildung wichtig ist.

❭ **Obst:** Himbeeren und Erdbeeren sind mit ihrem Eisen- und Folsäuregehalt gut für Ihre Frau. Mangos, Melonen und Ananas liefern viel Vitamin A, Bananen sind hervorragende Vitamin B6-Lieferanten (alles wichtig für ein gesundes Immunsystem). Orangen, Mandarinen und Kiwis sind reich an Vitamin C.

❭ **Gemüse:** Salat, Fenchel, Spinat und Mangold sind reich an Vitamin K, das positiv auf die Blutgerinnung wirkt und Babys oft nach der Geburt als Tablette verabreicht bekommen. Avocado, Paprikaschoten und alle Kohlsorten sind hervorragende Vitamin C-Lieferanten. Empfehlenswert für den Eisenhaushalt, der in der Schwangerschaft und bei der Geburt sehr beansprucht wurde, sind Rote Bete und Mangold.

❭ **Flüssigkeit:** Ihre Frau sollte täglich zwei bis drei Liter stilles Mineralwasser, verdünnte Säfte oder ungesüßte Kräuter- oder Früchtetees trinken.

...UND WORAUF SIE JETZT VERZICHTEN SOLLTE

Möglichst keinen Alkohol, möglichst keine Medikamente, möglichst nicht wieder mit dem Rauchen anfangen – schon klar, aber was steht noch auf der Schwarzen Liste?

❯ **Koffein möglichst reduzieren:** Erstaunlicherweise haben manche Frauen sowohl in der Schwangerschaft als auch während der Stillzeit viel weniger Lust auf Kaffee.

❯ **Allzu Scharfes:** Hier ist die Wissenschaft unsicher, Sie können Ihrer Frau also ruhig mal einen Döner »mit allem« mitbringen, wenn ihr danach ist. Wenn das Baby danach unruhig ist und nicht schlafen kann, freuen Sie sich immerhin über einen Erkenntnisgewinn.

❯ **Kohlgemüse und Bohnen:** Häufige Auslöser für Koliken beim Baby sind Brokkoli, Kohl, Zwiebeln und Rosenkohl. Aber, wie gesagt: Jedes Baby tickt da anders. Es hilft letztlich nur der Selbstversuch.

❯ **Also gut, ein abendliches Gläschen Wein** dürfen Sie Ihrer Liebsten schon mal einschenken. Aber möglichst nur nach dem Stillen.

❯ **Knoblauch:** Die Knolle verändert den Geschmack der Muttermilch, und zwar unangenehm nachhaltig und bis zu zwei Stunden nach den *Spaghetti aglio e oglio*.

❯ **Nüsse:** Sie sind eine der Hauptursachen für Allergien bei Babys und Kleinkindern, auch ganz ohne genetische Komponente. Verbannen Sie vorsichtshalber Nüsse aus dem Haus.

❯ **Weißmehlprodukte:** Nein, Sie müssen nicht grundsätzlich Brot oder Nudeln vermeiden, aber auch da sind manche Babys wählerisch.

❯ **Leicht Verderbliches** wie rohes Fleisch, rohe Eier, Sushi.

❯ **Rohmilch(käse):** Nach Angaben des Bundesinstituts für Risikobewertung gibt es diesbezüglich zwar keine Warnung mehr für stillende Mütter, aber wenn wir schon paranoid sein wollen, dann richtig.

REZEPTE FÜR **DIE LIEBSTE**

Einfacher Nudelsalat

Der Klassiker: gesund, sättigend und gut für die Vorratshaltung.

Für 2 Personen

Salz • 300 g kurze Nudeln • ½ Glas getrocknete Tomaten • 1 Apfel •
2 Gewürzgurken • 150 g Gouda • ½ Bund gemischte frische Kräuter •
1 TL Senf • 1 EL Zucker • 3 EL Olivenöl

Zubereitung: 15 Min.

Marinierzeit: 2 Std.

1. In einem Topf mit reichlich Salzwasser die Nudeln al dente kochen und auf einem Sieb abseihen.
2. Die getrockneten Tomaten klein schneiden, den Apfel schälen, das Kerngehäuse entfernen und das Fruchtfleisch klein würfeln. Die Gewürzgurken ebenfalls in kleine Würfel schneiden. Den Gouda würfeln und mit den Nudeln, Tomaten, Apfel- und Gurkenstückchen in eine mittelgroße Schüssel geben.
3. Für die Marinade die Kräuter waschen, trocken schütteln, die Blätter abzupfen und fein schneiden. Mit Senf, Zucker und Öl in eine kleine Schüssel geben und mit den Kräutern verrühren. Über die Nudeln geben, gut mischen und den Salat anschließend mindestens zwei Stunden durchziehen lassen.

Lachs-Omelette

Diese Mahlzeit ist leicht und reich an wertvollen ungesättigten Fettsäuren. Sie schmeckt am besten mit Salat und einer Scheibe Brot.

Für 2 Personen

etwas Butterschmalz oder Öl • 2 Stängel Dill • 3 Eier • 50 ml Milch •
Salz • 2 Scheiben Räucherlachs

Zubereitung: 10 Min.

1. Das Fett in der Pfanne erhitzen. Den Dill waschen, trockenschütteln, abzupfen und fein schneiden.
2. In einer Schüssel die Eier mit der Milch, dem Dill und einer ordentlichen Prise Salz mit einem Schneebesen schaumig rühren.
3. Die Eimischung in die Pfanne geben und bei kleiner Hitze stocken lassen. Eine Hälfte mit dem Räucherlachs belegen, die andere Seite des Omelettes behutsam darüberklappen.

Müsli-Bratapfel mit Sauerrahm

Perfekt für Mittags oder zwischendurch.

Für 1 Person

2 EL Milch • 2 EL 10-Frucht-Müsli ohne Zucker • 1 Apfel (Boskop) • etwas Pflanzenöl • 1 TL Zucker • 100 g saure Sahne • Zimtpulver
Außerdem: Alufolie
Zubereitung: ca. 25 Min.

1. Die Milch in einem Topf leicht erwärmen. Das Müsli in eine Schüssel geben, mit der Milch begießen und 10 Min. quellen lassen. Den Ofen auf 220° vorheizen.
2. Den Apfel mit warmen Wasser abwaschen und das Kerngehäuse entfernen. Die Alufolie auf der glänzenden Seite mit Öl bepinseln und den Apfel in die Mitte setzen. Das Müsli in die Öffnung streichen. Die Alufolie an allen Rändern leicht hochbiegen, mit dem Apfel auf ein Blech geben und 15 Min. im Ofen backen.
3. In einer kleinen Schüssel die saure Sahne mit dem Zucker zu einer glatten Creme rühren, über den gegarten Apfel geben und mit Zimtpulver verfeinern.

Leberpastete mit Nüssen

Der hohe Leberanteil in diesem Aufstrich bringt Eisen aufs Brot.

Für ca. 350 g

1 TL Öl • 200 g Geflügelleber • 5 Salbeiblätter • 1 TL Sojasauce •
100 g Butter • 8 Walnusskerne
Zubereitung: ca. 20 Min.

1. Das Öl in einer Pfanne erhitzen. Die Leberstücke kalt abspülen
   und abtupfen. Den Salbei abspülen und ebenfalls trocken tupfen.
2. Salbei und Leber in die Pfanne geben und bei mittlerer Hitze in
   ca. 3 Min. kräftig anbraten. Vom Herd nehmen und 5 Min. ziehen
   lassen, so dass die Leber gar aber innen noch rosa ist. 100 g davon
   beiseite legen. Die Übrigen lauwarm werden lassen, mit Salbei,
   Sojasauce und Butter in eine Schüssel geben, mit einem Stabmixer
   pürieren und abschmecken.
3. Die übrige Leber in breite Streifen schneiden, die Walnusskerne
   vierteln. Im Wechsel Lebercreme und -streifen sowie Nüsse in eine
   passende Form drücken, kalt stellen. Zum Servieren stürzen und in
   Scheiben schneiden. Dazu passt ein kräftiges Graubrot Ihrer Wahl.

Rote-Bete-Auflauf

Eine ideale Mahlzeit für den vegetarischen Haushalt.

Für 2 Personen

2 Knollen Rote Bete (gekocht) • 1 Stange Lauch • Salz, schwarzer
Pfeffer aus der Mühle • 200 g Creme fraîche • 100 g Hüttenkäse •
1 ½ TL Meerrettich • 100 g Blauschimmelkäse
Zubereitung: ca. 30 Min.

1. Die Rote Bete in Scheiben schneiden. Den Lauch putzen, waschen
   und in Ringe schneiden. Beides in eine Auflaufform geben. Salzen
   und pfeffern.

2. Creme fraîche, Hüttenkäse und Meerrettich in einer Schüssel mischen und nach Gusto würzen. Die Mischung auf die Rote Bete-Scheiben und den Lauch geben.

3. Den Blauschimmelkäse darüber bröseln und bei 200° für 15–20 Min. im Ofen garen. Hervorragendes Beiwerk: Kartoffeln.

Lammfilet mit Spitzpaprika und Minze

Etwas aufwendiger, aber sehr gesund: Das fettarme Lammfilet deckt pro Portion den Tagesbedarf an Niacin und Vitamin B12 und liefert reichlich Zink, die Paprikaschoten versorgen Mama und Papa mit Vitamin C.

Für 2 Personen

1 Zwiebel • 1 Knoblauchzehe • 3 grüne Spitzpaprika • 12 Kirschtomaten • 2 EL Olivenöl • 300 g Lammfilet • Salz, schwarzer Pfeffer aus der Mühle • 2 TL eingelegter grüner Pfeffer • 175 ml Gemüsebrühe • Saft von ½ Zitrone • 4 EL Joghurt • 2 Stängel Minze

Außerdem: Alufolie

Zubereitung: 25 Min.

1. Die Zwiebel und den Knoblauch abziehen und fein würfeln. Spitzpaprika halbieren, entkernen und waschen. Anschließend die Schoten in etwa 2 cm breite Streifen schneiden. Die Tomaten waschen.

2. Das Öl in einer Pfanne erhitzen. Das Fleisch abspülen, trocken tupfen, salzen und pfeffern. Im Öl 3–4 Min. auf beiden Seiten anbraten. Auf einen Teller geben, warmstellen und beiseite stellen.

3. Zwiebel-, Knoblauch- und Paprikawürfel in die Pfanne geben und unter Rühren 1 Min. braten. Tomaten in die Pfanne geben und kurz mitbraten. Den grünen Pfeffer in die Pfanne geben. Gemüsebrühe dazu gießen und alles bei starker Hitze 3 Min. kochen lassen.

4. Nach Belieben in einer kleinen Schüssel 1-3 TL Zitronensaft mit Joghurt, Salz und Pfeffer glattrühren. Minze waschen, trockenschütteln, abzupfen und die Blättchen über den Joghurt streuen.

5. Die Lammfilets mit dem angesammelten Bratensaft in die Pfanne mit dem Gemüse geben. Alles nochmal 1-2 Min. erhitzen. Auf eine Platte geben und mit dem Joghurt servieren.

Spinatstrudel mit Feta

Schnell gemacht, extrem gesund und vegetarisch!

Für 2 Personen

1 Knoblauchzehe • 1 Pck. TK-Spinat, aufgetaut • 1 EL Olivenöl • Salz, schwarzer Pfeffer aus der Mühle • 250 g Schafskäse • 1 Pck. Blätterteig • 1 Ei • 250 ml Joghurt • 100 g saure Sahne • 1 EL Essig

Außerdem: Backpapier

Zubereitung: 25 Min.

Backzeit: 30 Min.

1. Den Knoblauch abziehen und fein würfeln. Den Spinat auf einem Sieb ausdrücken. Das Olivenöl in einer Pfanne erhitzen und den Spinat mit Knoblauch, Salz und Pfeffer andünsten. Den Schafskäse würfeln und daruntermischen. Abkühlen lassen.

2. Den Backofen auf 200° vorheizen und ein Blech mit Backpapier auslegen. Den Blätterteig ausrollen und die Spinat-Käse-Mischung der Länge nach auf die Mitte des Blätterteigs verteilen. Das Ei trennen und die Blätterteigränder mit Eiweiß bestreichen. Den Blätterteig über der Füllung ausrollen. Die Enden gut abschließen und vorsichtig drehen, so dass die Naht unten liegt. Auf das vorbereitete Backblech legen und mit dem Eigelb bestreichen. Oben Schlitze in den Teig stechen. Im Backofen in ca. 30 Min, goldbraun backen.

3. In einer kleinen Schüssel Joghurt, saure Sahne und Essig zu einer Sauce verrühren und zum Strudel servieren.

Seelachs mit Paprika- und Oliven-Ragout

Der Fisch versorgt mit Jod und liefert zudem viele ungesättigte Fettsäuren. Und von den gesundheitlichen Vorteilen von Oliven kann man ja gar nicht genug schwärmen.

Für 2 Personen

Je 2 grüne und rote Paprikaschoten • 50 g grüne Oliven (ohne Stein) • 1 Zwiebel • 1 Knoblauchzehe • 1 EL Olivenöl • 1 TL getr. Thymian • 1 Prise Zucker • 100 ml Gemüsebrühe • 2 TL Kapern • 4 Seelachsfilets • Jodsalz, schwarzer Pfeffer aus der Mühle
Zubereitung: 25 Min.

1. Die Paprikaschoten waschen, vierteln und putzen. Dann die Viertel quer in fingerbreite Stücke schneiden. Die Oliven vierteln. Zwiebeln und Knoblauch abziehen und fein würfeln.

2. Das Öl in einem Topf erhitzen und Zwiebeln und Knoblauch darin kurz andünsten. Paprikaschoten, Thymian und Zucker hinzufügen und 2 Min. dünsten. Die Brühe mit den Oliven und den Kapern zum Gemüse geben und mit Salz und Pfeffer würzen.

3. Die Fischfilets kalt abspülen, sorgfältig trockentupfen und von beiden Seiten mit Salz und Pfeffer einreiben. Nebeneinander auf das Paprika-Oliven-Ragout legen und zugedeckt bei mittlerer Hitze je nach Dicke 6-8 Min. garen. Das Ragout abschmecken und die Fischfilets darauf anrichten. Als Beilage eignen sich Kartoffeln oder Kartoffelpüree.

JETZT WIRD'S LUSTIG: BEIKOSTEINFÜHRUNG

Sie müssen nun ganz stark sein: Vergessen Sie Ihr minimalistisches Wohn- oder Esszimmer in hellen, zurückhaltenden Tönen. Auch die Designerküche mit dem unbehandelten Buchentisch, die mit weißem Wildleder bezogenen Hocker und die hellen Schifferdielen werden nie mehr so sein wie zuvor – ein Ort der Makellosigkeit und der gehobenen Lebenskunst. Sie werden vielmehr zu einem Ort der Metamorphose, eine Art Abbild der Entwicklung, die Sie gerade durchmachen. Nach etwa einem halben Jahr Ihres Elternseins werden diese Orte des gepflegten Zusammenseins ganz von allein andere Farbtöne annehmen: Spinatgrün zum Beispiel. Oder Einsprengsel von einem satten Karottenorange.

Denn oft schon nach ein paar Monaten reicht die Mutterbrust allein nicht mehr aus. Das Baby braucht mehr Nahrung und hat Lust, auch andere Sachen auszuprobieren. Die Zeit, die nun beginnt, hat den drögen Namen Beikosteinführung. Ihr Kleines dringt also jetzt in Welten vor, die es noch nie zuvor erschmeckt hat.

Echtes Essen:
Das ist der erste Schritt zur Menschwerdung. Und es ist der erste Schritt in das totale Tischchaos.

Hollywood liebt die Beikosteinführung – kaum eine Familienkomödie, in welcher der kleine aufgeweckte Racker nicht dem überforderten Vater im Businessanzug eine Ladung Brei ins Gesicht spritzt. Keine Angst: So schlimm wird es nicht. Zumindest nicht jeden Tag.

Achtung, Zungenstreckreflex!

Der Zeitpunkt, an dem feste Nahrung zur Muttermilch hinzukommt, ist je nach Baby und seinen Bedürfnissen individuell unterschiedlich und liegt meist zwischen dem vierten und sechsten Lebensmonat – und, nein, es gibt keinen Zusammenhang zwischen frühem Essen und erhöhter Intelligenz, wie mir eine Mutter auf dem Spielplatz einmal weismachen wollte. (»Mein Kind hat schon mit zwei Monaten…« – Sie werden solche Geschichten auch in anderen Variationen öfter hören, und die Erzähler erwarten dann immer, für die sensationelle Auffassungsgabe, Neugier, mathematische Intelligenz, Kreativität etc. ihres Nachwuchses gelobt zu werden).

Etwa ab dem vierten Monat baut sich der sogenannte Zungenstreckreflex ab. So nennt man die sich ständig hervorschiebende Zunge, was zwar irgendwie niedlich ist, aber nicht gerade so wirkt, als würde es jemals einen Nobelpreis für Physik erhalten. Die Bewegung hilft beim Saugen. Solange dieser Reflex vorherrscht, ist die Beikosteinführung gar nicht möglich – der Brei bleibt einfach nicht im Mund und landet überall sonst. Wenn der Reflex aber nachlässt und das Kind Hunger hat, sabbert, den Kopf vorschiebt und auf Ihr Steak starrt oder es gar anzufassen versucht, dann wissen Sie, dass die Zeit der Beikosteinführung gekommen ist. Ein sicheres Zeichen ist außerdem, dass die Abstände zwischen den Stillmahlzeiten immer kürzer werden oder dass das Kind Kaubewegungen macht oder Schmatzlaute von sich gibt wie Homer Simpson, wenn Moe den Zapfhahn bedient.

Mit der Beikosteinführung beginnt nun nicht etwa das gesittete Essen. Eher nimmt das Gesicht, das Haar, der Kopf Ihres Kindes die Farbe und Textur des Breis an, denn der Brei wird gleichmäßig auf der Haut verteilt; offenbar schaffen es die Nährstoffe per Osmose durch die Poren in den Verdauungstrakt zu gelangen. Nur winzigste Spuren der Beikost dürften es in die Mundhöhle und von dort nach unten schaffen.

Tipp

SCHLAUER FÜTTERN

❯ **Zum Füttern des ersten Babybreis** brauchen Sie einen Plastiklöffel, ein Lätzchen oder eine große Stoffwindel, Brei und Tee oder Wasser – am besten serviert aus der Flasche und später aus der Schnabeltasse.

❯ **Da das Baby meistens noch nicht alleine sitzen kann,** nehmen Sie es auf den Schoß und lächeln Sie es an, während Sie ihm Löffelchen für Löffelchen kredenzen. Gar nicht verkehrt ist es, seine Hände während der Beikostzuführung festzuhalten, da sonst der Brei auch gerne mal durch die Küche (oder wo auch immer Sie gerade sitzen) fliegen kann. Da das Füttern auf dem Schoß auf Dauer ganz schön auf den Rücken gehen kann, hat sich auch folgende Konstruktion bewährt: Babyschale auf den Küchentisch stellen, sich selbst auf den Stuhl davorsetzen, Baby mit freundlichem Gesicht hypnotisieren, so dass es nicht ständig den Kopf zu noch interessanteren Geschehnissen wegdreht (und der Brei dafür in seinem Haar, am Ohr etc. landet) und füttern.

❯ **Sobald Ihr Baby dann sitzen kann,** können Sie auch einen Kinderstuhl besorgen (für Ihr Kind). So lernt das Baby auch, dass es etwas zu essen bekommt, wenn alle am Tisch sitzen.

Karottenbrei ist der große Beikostklassiker, und Sie können der handelsüblichen Gläschennahrung vertrauen. Allerdings lohnt es sich, selber zu kochen. Denn auf Dauer ist die Gläschenkost teurer, süßer, enthält weniger hochwertige Fette, ist teilweise sehr salzig, beinhaltet oft unnötig viel Zucker und Babys gewöhnen sich an den Eigengeschmack von Fertigkost.Wenn Sie Spaß am Kochen haben, dann stellen Sie den Brei einfach selbst her: Kochen Sie Gemüse, drücken Sie es mit der Gabel klein. Etwas Rindfleisch oder Pute dazu? Kein Problem, nehmen Sie einen Pürierstab und Sie haben im Nu eine nahrhafte und proteinreiche Leckerei gezaubert. Bereiten Sie gleich größere Portionen zu und frieren Sie sie nach dem Abkühlen portionsweise ein. Getreidebrei ist ebenfalls sehr beliebt. Rezepte für Lieblingsbreie finden Sie ab Seite 148.

Der richtige Mix macht's

Auch wenn Sie es gern vegetarisch haben, Fleisch ist ein sehr wichtiger Bestandteil der Babynahrung, vor allem, weil Eisenmangel bei den Kleinen nicht selten ist, besonders bei ehemaligen Frühgeborenen. Es stimmt, dass viele asiatische Kulturen weitgehend auf Gemüse basieren und immerhin leben ja acht von zehn Erdenbürgern dort – aber dort ist Fisch neben Hülsenfrüchten und Sojaprodukten schon früh ein Bestandteil der Babynahrung und sorgt für Eisen und Proteine.

Was darf das Baby nicht essen?

- **Überraschenderweise ist Honig böse,** denn er kann den sogenannten Säuglingsbotulismus auslösen. Sie wollen nicht wissen, was das ist. Lassen Sie also einfach den Honig weg, benutzen Sie ihn auch nicht zum Süßen von Tees; da wirkt er genauso wie Zucker und kann – sobald die ersten Zähne da sind – wie dieser kariesfördernd wirken.
- **Auch Nüsse sind wie gesagt ungünstig.** Wie alles, was in die falsche Röhre rutschen kann.
- **Zucker und Ersatzzuckersorten enthalten nur leere Kalorien,** schädigen die Darmflora und fördern Karies. Schauen Sie bei Gläschen daher auf die Zutatenliste. Wenn darin Maltose, Maltodextrin, Glucose, Traubenzucker, Glucosesirup oder Fructose stecken: Finger weg.
- **Seien Sie auch beim Würzen zurückhaltend.** Etwas jodiertes Salz ist aber völlig in Ordnung und tut dem Kind auch gut.

Info

BEIKOST NACH PLAN

Nach dem 4. Monat

Für manche Babys ist das noch zu früh, dann verschieben Sie die ganze Sache einfach um ein oder zwei Monate. Jetzt gibt es mittags vor der Flasche oder dem Stillen ein paar Löffel Karottenbrei. Füttern Sie solange, bis Ihr Baby rund 100 Gramm intus hat. Machen Sie sich dabei aber bloß keinen Druck. Nach ein bis zwei Wochen können Sie dann mittags einen Karotten-Kartoffel- oder Karotten-Pastinaken-Brei füttern. Nochmal zwei Wochen später geht dann auch Brei mit etwas püriertem Geflügel oder Fleisch. Das Forschungsinstitut für Kinderernährung in Dortmund empfiehlt bis zu sechsmal pro Woche eine fleischhaltige Mahlzeit zu füttern, um das Baby mit genügend wertvollem Eisen zu versorgen.

Halten Sie Ihre Kreativität aber im Zaum. Für Ihr Baby reichen drei bis vier unterschiedliche Geschmackserlebnisse durchaus aus.

Nach dem 6. Monat

Jetzt kann die zweite Milchmahlzeit durch einen Vollmilch-Getreide-Brei ersetzt werden. Abends gibt es vor der Flasche oder dem Stillen jetzt ein paar Löffel Brei. Steigern Sie die Menge nach und nach, bis das Baby satt ist und auf die Milchmahlzeit verzichtet werden kann. Für andere ist es günstiger, die Morgenmahlzeit zu ersetzen, da das abendliche Stillen so schön entspannend wirkt. Machen Sie es so, wie es sich für Ihr Baby, Ihre Frau und Sie am besten anfühlt.

Ab dem 7. Monat

Jetzt gibt es als dritte Mahlzeit einen milchfreien Getreide-Obst-Brei. Das Prozedere kennen Sie ja schon.

Nach dem siebten Monat bekommt Ihr Baby ca. vier Mahlzeiten:

> morgens Stillmahlzeit oder Flasche

> mittags Gemüse-Kartoffel-(Fleisch-)Brei/Gemüse-Getreide-Brei

> nachmittags Getreide-Obst-Brei

> abends Vollmilch-Getreide-Brei (oder morgens Brei füttern und das Baby abends Stillen).

Diesen Plan können Sie bis zum zehnten Monat beibehalten. Ab dem achten Monat müssen die Breie auch nicht mehr ganz fein püriert sein, jetzt dürfen sie von der Konsistenz her auch etwas stückiger sein.

Ab dem 10. Monat

Die meisten Babys haben jetzt schon so viele Zähne, dass sie auch schon festere Lebensmittel kauen können. So langsam können Sie auch bei den Familienmahlzeiten mitessen. Aus den mengenmäßig etwa gleich großen vier Milch- und Breimahlzeiten werden nun drei Hauptmahlzeiten (Frühstück, Mittagessen, Abendessen) und zwei kleine Zwischenmahlzeiten. Zum Essen und auch zwischendurch bieten Sie Ihrem Baby stilles, natriumarmes Wasser oder ungesüßte Früchte- oder Kräutertees an. Das Ganze am besten aus einem Becher, da Dauernuckeln an der Flasche kariesfördernd wirkt.

Die besten Lebensmittel für die Eisenversorgung: Vollkorn-Hafer- und -Hirseflocken aus Vollkorngetreide sind ganz hervorragende Eisenlieferanten – das ist besonders wichtig für vegetarisch ernährte Babys. Das in tierischen Lebensmitteln enthaltene Eisen ist allerdings biologisch hochwertiger und wird vom Körper leichter aufgenommen. Wenn Sie jedoch darauf achten, parallel Vitamin-C-haltige Gemüse dazu zu kombinieren, wird die biologische Wertigkeit verbessert. Vitamin C steckt reichlich in Fenchel, Brokkoli oder Blumenkohl oder Früchten wie Apfel, Birne, Beeren oder Pfirsich.

Das Büffet für Ihr Kind

Die wohl interessanteste Beikost-Methode heißt »Baby-led weaning«, zu Deutsch etwa »vom Baby gesteuerte Entwöhnung«. Auf Breie und das Füttern mit dem Löffel wird weitestgehend verzichtet, stattdessen bedient sich das Baby selbst und stellt sich einen bunten Teller kleingeschnittener und/oder gekochter Nahrung zusammen – allerdings erst dann, wenn es aufrecht sitzen kann. Klar, das Baby wird viel spielen, sich ein paar Sachen davon in die Haare schmieren und andere auf dem Boden verteilen. Aber das tut es auch, wenn Sie ihm einen Löffel hinhalten. Die Idee dieser Selbstbedienungsmethode ist, dass das Kind sich so ganz aktiv von der Muttermilch oder dem Fläschchen entwöhnt. Und die Idee, die sich keiner zu sagen traut: So haben Mami

und Papi ein, zwei kostbare Minuten mehr Zeit zum Verschnaufen, bevor sie sich anschließend ans Aufräumen und Wischen machen.

Ein weiterer Vorteil dieser Beikostmethode: So lernt das Kind schon mal für später, wenn es sich an den Urlaubsbüffets am Mittelmeer gegen rabiate Landsleute durchsetzen muss.

Wichtig: Das Fingerfood für Ihr Baby muss weich, in kleine Stücke geschnitten und gesund sein.

Folgendes können Sie Ihrem Baby vorsetzen:

- Avocado- oder Bananenstücke (sehr schön zum Herummantschen, Banane tut auch gut bei Bauchweh)
- Birnen- und Apfelstücke (vorher schälen!)
- Pfirsichstücke (sehr süß und vitaminreich)
- gekochte kurze Nudeln wie Fusilli, gerne auch mit etwas Sauce
- gekochte Kartoffelstücke
- gekochte Karotten- oder Pastinakenstücke
- gekochte weiche Linsen oder Erbsen (enthalten hochwertiges Eiweiß und haben eine schöne Konsistenz zum Rumspielen oder auch mit dem Löffel üben).
- kleine Käsescheiben (reich an wertvollem Kalzium)
- ungewürzte Tofuwürfel
- Stücke von hartgekochten Eiern
- dünne Scheiben von geschälten Gemüsegurken
- gekochte Zucchinistücke
- Tortilla- oder Pfannkuchen, den es zerzupfen kann

Spielen Sie ruhig ein wenig herum: Manche Babys mögen auch Bleichsellerie oder gekochten Fenchel. Den Kleinen schmeckt in dem Alter fast alles, sogar Spielsteine und Wollmäuse. Erst später – bei unseren Töchtern mit vier Jahren – bilden sich geschmackliche Präferenzen aus, die sich – wie bei fast allen Kindern – auf Nudeln mit Tomatensauce, Pizza und Pfannkuchen konzentrieren.

REZEPTE FÜR **DAS LIEBSTE**

Das Beste für das Baby ab dem 6. Monat ist alles rund um die Kartoffel mit Gemüse der Saison, aber auch Fisch und dunklem sowie hellem Fleisch. Achten Sie auf hochwertige Zutaten – und pürieren Sie fleißig. Alle Gemüsebreie können Sie auf Vorrat zubereiten, portionsweise in Plastikschüsseln einfrieren und bei Bedarf auftauen und erwärmen.

Zucchini-Kartoffelbrei

1 kg Zucchini • 800 g Kartoffeln • 100 g Maiskeimöl
Zubereitung: ca. 25 Min.

1. Die Zucchini waschen, putzen und in Scheiben schneiden. Die Kartoffeln waschen, schälen und würfeln. Zucchinischeiben und Kartoffelwürfel in einem Topf mit 250 ml Wasser auf höchster Stufe zum Kochen bringen und bei niedriger Hitze in ca. 15 Min. weich garen. Das Maiskeimöl hinzufügen und pürieren.

Hirse-Kürbis-Apfel-Brei

250 g Kartoffeln • 500 g Kürbis (z.B. Hokkaido) • 150 g milde Äpfel • 50 g Hirseflocken • 100 ml Apfelsaft • 1 EL Rapsöl
Zubereitung: ca. 25 Min.

1. Kartoffeln waschen, schälen und würfeln. Kürbis waschen, halbieren, entkernen und das Fruchtfleisch würfeln. Beides mit 250 ml Wasser in einen Topf geben und zugedeckt in ca. 15 Min. garen.
2. Die Äpfel schälen, vom Kerngehäuse befreien, das Fruchtfleisch würfeln und zu dem Gemüse geben. 5 Min. mitgaren und die Hirseflocken unterrühren. Den Brei unter stetigem Rühren aufkochen. Vom Herd ziehen. Apfelsaft zugeben und alles fein pürieren. Vor dem Füttern pro Portion 1 EL Rapsöl unterrühren.

Rindfleisch-Pastinaken-Brei

150 g Möhren • 75 g Pastinake • 250 g Süßkartoffeln • 150 g Rindfleisch • 2 TL Mehl • 75 g rote Zwiebel • 1 TL Rapsöl • 1 Lorbeerblatt • 400 ml salzfreie Geflügelbrühe • 1 TL gehackte Petersilie
Zubereitung: 15 Min.
Garzeit: 1 Std. 30 Min.

1. Möhren, Pastinake und Süßkartoffeln waschen, schälen und klein würfeln. Das Fleisch abspülen, trocken tupfen, würfeln und im Mehl wenden. Die Zwiebel abziehen und fein würfeln.
2. Das Öl in einem Topf erhitzen und die Zwiebelwürfel darin anschwitzen. Das Fleisch dazugeben und rundum anbräunen. Gemüse und Lorbeer dazugeben, andünsten und mit Brühe bedecken. Kurz aufkochen und bei kleiner Hitze ca. 1 Std. 30 Min. köcheln lassen. Wenn Gemüse und Fleisch weich sind, mit dem Schaumlöffel herausheben, in einen Topf geben, mit Petersilie bestreuen und mit der Kochflüssigkeit zu einem Brei pürieren.

Möhrenbrei mit Fisch

500 g Seelachsfilet (TK) • 500 g Möhren • 100 ml Orangensaft • 500 g Kartoffeln • 5 EL Rapsöl
Zubereitung: ca. 35 Min.

1. Das Seelachsfilet auftauen lassen, kalt abspülen, trocken tupfen und eventuell vorhandene Gräten entfernen.
2. Die Kartoffeln in einem Topf mit heißem Wasser in 20 Min. garen, abseihen, pellen und grob würfeln.
3. Inzwischen die Möhren waschen, schälen und klein schneiden, in einen Topf geben und in dem Orangensaft in ca. 10 Min. garen. Kartoffeln dazugeben und alles pürieren.

4. Das Seelachsfilet in einem Topf mit 50 ml heißem Wasser in ca. 15 Min. auf beiden Seiten gar dünsten. Den Fisch mit der Gabel zerzupfen und zu dem Möhren-Kartoffel-Brei geben. Das Öl sorgfältig unterrühren.

Topinamburbrei mit Hähnchen

100 g Topinambur • 30 g Hähnchenbrustfilet • 1 ½ EL zarte Haferflocken • 4-5 EL Saft von 1 Orange • 1 EL Rapsöl
Zubereitung: ca. 20 Min.

1. Den Topinambur waschen, schälen und in 1 cm große Würfel schneiden. Das Hähnchenbrustfilet abspülen, trockentupfen und in schmale Streifen schneiden. Topinambur und Fleisch in einem Topf mit 125 ml Wasser zum Kochen bringen und zugedeckt bei mittlerer Hitze in 10-12 Min. garen.
2. Den Orangensaft mit den Haferflocken und dem Öl in den Topf geben und verrühren. Alles mit dem Stabmixer pürieren.

Steckrübenbrei mit Nudeln und Schweineschnitzel

80 g Schweineschnitzel • ½ Steckrübe • 120 g kurze Vollkornnudeln • Saft von 1 kleinen Orange • 2 ½ EL Rapsöl
Zubereitung: ca. 35 Min.

1. Das Schnitzel abspülen, trockentupfen und in schmale Streifen schneiden. Die Steckrübe waschen, schälen und klein würfeln. Das Gemüse in einem Topf mit 100 ml Wasser aufkochen und zugedeckt bei kleiner Hitze 5 Min. garen.

2. Inzwischen in einem zweiten Topf reichlich Salzwasser zum Kochen bringen und die Nudeln nach Packungsanleitung in ca. 10–15 Min. al dente garen.

3. Die Fleischstreifen zum Steckrübengemüse geben und zugedeckt 10–15 Min. garen, dabei etwas Wasser angießen.

4. Nudeln abseihen und gut abtropfen lassen. Den Orangensaft mit den Nudeln und dem Öl zum Gemüse-Fleisch-Mix geben. Alles mit dem Stabmixer pürieren.

Auberginenbrei mit Zwieback

1 EL Rapsöl • ½ kleine Aubergine • 1 Tomate • 2 Zwiebäcke • 3 EL Apfelsaft
Außerdem: Alufolie
Zubereitung: ca. 20 Min.

1. Ein Backblech mit Alufolie auslegen und mit 1 TL Öl bepinseln. Die Aubergine waschen, putzen, in 1 cm dünne Scheiben schneiden und auf dem Blech verteilen. Den Ofen auf 220° vorheizen und die Auberginen ca. 5 Min. grillen, bis sie weich und leicht braun sind. Dabei zwischendurch mit der Gabel wenden.

2. Inzwischen die Tomate waschen, vierteln, mit einem Löffel entkernen und das Fruchtfleisch fein würfeln. Die Zwiebäcke in einen kleinen Gefrierbeutel geben und mit einem Nudelholz zerkleinern. Zwiebackstückchen mit Tomaten und Auberginen in ein hohes Gefäß geben. Apfelsaft und restliches Rapsöl zufügen und alles mit dem Stabmixer pürieren.

Wir sind dann mal raus ...

DER SHERPAPA ODER: UNSER ERSTER SOMMERURLAUB

Ich fahre einen Kombi, denn neben Van oder Bus mit großzügigem Stauraum kommt ein anderes Auto ab zwei Kindern nicht mehr in Frage, und nein, ich weiß auch nicht, wie es unsere Großeltern in den Sechzigerjahren geschafft haben, mit unseren Eltern im Babyalter in Käfern und Isettas über die Großglockner-Hochalpenstraße zu schlingern. Mein Kombi ist nicht besonders neu und auch nicht besonders schnell. Aber er ist extrem geräumig. Doch schon als wir noch zu zweit waren, platzte der Kombi aus allen Nähten, wenn wir mal einen Ausflug machten. Für einen gewöhnlichen Tag am Strand benötigt meine Frau Folgendes: Handtuch (groß), Handtuch (klein), Sonnenlotion, einen Roman (anspruchsvoll), einen Roman (Herzschmerz) – auf die Frage, ob sie denn an einem Nachmittag beide lesen wolle, antwortet sie: »Nur den, für den ich nachher in Stimmung bin« – sowie Bürste, Haarspangen, Klatschblätter, eine Rätselzeitschrift (Italienerinnen gehen nicht in die Nähe des Wassers ohne ihre *Settimana Enigmistica*), Feuchtigkeitscreme, Lippenpflegestift und sonstige Pflegeutensilien, die uns Männer seit jeher verwirren, Flip-Flops, Badeanzug/Bikini zum Wechseln, Sonnenschirme sowie die solide 50-Liter-Kühltasche. Sie kennen das? Als Gentleman tragen natürlich Sie den Großteil der Ausrüstung vom Parkplatz an den Strand. Weil Sie als Gentleman den Ehrgeiz haben, auf gar keinen Fall zwei Mal zu gehen, werden Sie sich beim Tragen den Finger furchtbar in die Speichen des Sonnenschirms klemmen. Denken Sie an mich, wenn es Ihnen passiert.

Die Kunst des richtigen Packens

Ich hatte schlimme Ahnungen, wie das erst mit einer mehrköpfigen Familie sein wird. Das erste verlängerte Wochenende zu dritt führte uns in die Emilia-Romagna. Zusätzlich zu den oben genannten Utensilien für einen Strandtag kamen jetzt also noch zwei Koffer hinzu.

Und dann ging es ja erst richtig los. Reisekinderbettchen und Kinderwagen reichen schon aus, um ein normales Auto zu befüllen – nicht zu vergessen, dass Ihr Kind in einem klobigen Babysitz festgeschnallt ist. Dazu kommen Windelvorräte von solchen Mengen, als hätte man ein großstädtisches Krankenhaus ausgeplündert, Babyessen, Babyspielzeug, ein Koffer fürs Kind, denn man weiß ja nie, es könnte schließlich im August in Mittelitalien zu einem plötzlichen Temperatursturz kommen, daher müssen auch Daunenjacke und Wollmütze mit. Jedenfalls waren wir so überladen, dass ich froh war, die Person auf dem Beifahrersitz noch zu erkennen.

> **»Strong characters travel light«,
> sagte der Globetrotter stolz. Auf die Frage,
> ob er Kinder hat, sagte er: »No.« Warum
> hatte ich das bloß geahnt?**

Den Überblick bewahren

Mir ist seither auch völlig klar, warum es immer wieder mal vorkommt, dass Ehepartner oder sogar Kinder nach Pausen an Raststätten einfach vergessen werden. Wenn das einzige Sichtfeld die Frontscheibe ist, dann kann man beim Losfahren schon mal etwas Entscheidendes übersehen. Reisen mit Kind sind Umzüge auf Zeit.

Und ich kann nicht einmal meiner Frau den Vorwurf machen: Nein, wenn wir Männer aus unserer gewohnten Umgebung gerissen werden und noch die Verantwortung für ein kleines Bündel haben, dann neigen wir zur Übervorsorge.

Die Packliste ist das eine. Das Packen selbst ist dann noch einmal was ganz anderes, vor allem auf der Rückfahrt, denn am Ende des Urlaubs hat man ja immer noch mehr Gepäck als zu Beginn. Und das, obwohl die Windeln nahezu aufgebraucht sind. Das Wiederbeladen des Autos dauert dann einen Tag, unter der Anteilnahme aller Nachbarn und Passanten. Ich glaube, einmal wurden wir sogar heimlich gefilmt. Die Rückfahrt ist ein einziges Schlingern, kein Wunder bei einer Zuladung von 500 Kilo Gepäck und 10 000 Kilo Angst.

Tiefenentspanntes Reisen

Immerhin passiert mit kleinen Kindern im Auto etwas Magisches: Sie schlafen. Oft sogar sehr lange. Unsere älteste Tochter schlief im zarten Alter von zwölf Monaten die Nacht vor der Abreise aus unserem Provence-Urlaub durch und verschlief trotzdem die Fahrt am nächsten Tag zurück nach Italien, immerhin ein mächtiger Zehn-Stunden-Trip. Daheim angekommen war es schon Abend und, oh Wunder, sie wachte nur kurz auf und verbrachte die Nacht ganz normal; ihren Schlaf- und Wachrhythmus hatte sie also glücklicherweise beibehalten. Ja, kleine Kinder lieben das Ruckeln und Schaukeln und Brummen des Motors. (Etwas älteren Kindern wird dann schnell schlecht im Fond, aber damit müssen Sie sich jetzt noch nicht beschäftigen.) Schade, dass Sie auf Urlaubsfahrten am Steuer sitzend schlecht ebenfalls entspannt dahinschlummern können.

Ein Globetrotter, der 150 Länder dieser Erde bereist hat, gab mir einmal folgenden Tipp: Wenn du verreist, schreib drei Listen.

- Auf die erste schreibst du, was du mitnehmen solltest.
- Auf die zweite schreibst du, was du mitnehmen musst.
- Auf die dritte schreibst du, was du *unter allen Umständen* mitnehmen musst.
- Dann wirf die ersten beiden Listen weg und halte dich an die dritte.

Ist Fliegen wirklich schöner?

Flugreisen sind schon ab der ersten Lebenswoche der Kleinen möglich, ähneln aber einem Lotteriespiel. Die Flüge können extrem entspannt ablaufen, aber es kann auch das genaue Gegenteil passieren und Ihr nicht zu beruhigendes Kind (und Sie!) werden die meistverachteten Passagiere von allen werden. Vor allem der Druck auf den Ohren kann den Kleinen – und den werten Mitreisenden – die Reise gründlich verderben. Gerade bei Start und Landung hat sich das Kind deshalb den Schnuller, die Brust oder das Fläschchen verdient, um durch das Schlucken den Druck im Ohr auszugleichen.

Eine großartige Idee hatten übrigens die Eltern von 14 Wochen alten Baby-Zwillingen aus Los Angeles, die zum ersten Mal eine Flugreise unternahmen: Sie verteilten an alle Passagiere einen Zettel mit Süßigkeiten und Einweg-Ohrenstöpseln und mit der Bitte um Verständnis, falls es in Reihe 20, Sitze E und F, mal lauter werden sollte.

Das Wichtigste zuletzt

Wenn Sie im Internet Rat zu Reisen mit Baby suchen, bekommen Sie Panik – es ist, als würden Sie Krankheitssymptome googeln. »The Best Baby Packing List« enthält exakt 109 »unverzichtbare« Dinge. Nun ja, solange Sie nicht in ein Drittweltland reisen, tun es auch ein paar Sachen weniger. Denken Sie daran, dass es alles, was Sie wirklich brauchen, auch überall vor Ort gibt. Schwedische und italienische Supermärkte sind genauso üppig ausgestattet wie ihre deutschen Pendants. Auf jeden Fall nimmt dort Hundefutter nicht mehr Platz ein als Babynahrung. Außerdem haben Sie bestimmt eine Möglichkeit, vor Ort zu waschen, was die Reisegarderobe zusätzlich entlastet. Dann:

- Feuchttücher können Sie allerdings nie genug mitnehmen. Windelkatastrophen oder weltrekordverdächtige Spuckattacken pas-

Tipp

SCHLAU EINCHECKEN

❯ **Nutzen Sie das Pre-Boarding im Ehegattensplitting-Verfahren.** Die Fluggesellschaften erlauben es Eltern mit Kindern, als erstes in die Maschine zu gehen, aber Sie nutzen dieses Privileg noch besser: Ein Elternteil geht bereits in die Maschine und bereitet alles vor, ein Elternteil kommt mit dem Kind erst ganz zum Schluss hinzu. Wer das Kind nämlich gleich mit zum Pre-Boarding nimmt, kommt aufgrund des Trubels in den Gängen kaum zum Aufstehen, außerdem reagiert das Kind aufgrund der Enge, des Lärms und der allgemeinen Hektik eher verstört.
❯ **Wer mehr wissen will:** Auf den Webseiten der Fluggesellschaften, etwa bei lufthansa.com, stehen ausführliche Tipps.

sieren bevorzugt in wenig kommoden Situationen, zum Beispiel im vollbesetzten Zugabteil oder während der Fahrt auf der A8 von München nach Salzburg ohne Standstreifen oder Haltebuchten.

- Eine Faustregel für den Windelvorrat bei An- und Abreise: Pro Stunde eine – sowie eine Reserve von dreien für Staus oder unplanmäßige Verzögerungen.
- Insgesamt dürfen Sie sich aber entspannen: Babys sind recht gut im Reisen. Der Vorteil für alle Beteiligten ist ihre geringe Mobilität. Sie können nicht herumkrabbeln, am Türgriff die Zentralverriegelung mit Kindersicherung testen oder mit den elektrischen Fensterhebern spielen. Sie können nicht mit dem Bobby-Car aus der Feriensiedlung entkommen oder auf der Brüstung des Hotelbalkons balancieren. Darum und um andere Szenarien müssen Sie sich dann ein paar Jahre später kümmern.
- Falls Sie mit dem Auto fahren und eine Fähre erreichen müssen, kalkulieren Sie reichlich Luft in Ihren Reiseplan ein. Mit Baby sind mehr Stopps unvermeidlich.
- Reisen Sie möglichst zu jenen Zeiten, zu denen das Baby für gewöhnlich schläft. Leichter gesagt als getan: Geben Sie sich grundsätzlich (und vor allem bei der Abfahrt) vollkommen ruhig und stressbefreit, denn die kleinen Nervensägen merken einfach alles. Und wenn sie die Panik in Papas Augen aufblitzen sehen, dann rufen sie vorzugsweise ihr kriegerischstes Indianergeheul ab.
- Reisen sind keine Runway-Schauen. Kleiden Sie Ihr Baby möglichst praktisch, etwa in einem Schlafanzug-Einteiler. Wenn es schnell gehen muss, sind auch die schönsten Schühchen und Westen ein Hemmschuh. An dieser Stelle gestehe ich etwas, was bis heute nicht einmal meine Frau weiß: Meine damals anderthalbjährige Tochter wurde eines Samstagabends in eine Art Dirndl – ein Mitbringsel aus einem Österreich-Urlaub – gesteckt, weil meine italienische Schwiegermutter glaubt, das sei genau das richtige Outfit für eine Italiene-

rin mit einem Vater aus der niedersächsischen Tiefebene. Dann war die Windel voll und als braver Papa stürmte ich mit ihr aus dem Restaurant ins Hotelzimmer. Doch ich bekam dieses verdammte Dirndl nicht auf. So viele Knöpfe, Häkchen, Ösen und Träger, und die Windelsituation wurde nicht besser. Als meine Tochter zu weinen anfing, griff ich entschlossen zu und riss das Ding vom Hals ab in zwei Teile. Das fühlte sich ziemlich gut an, jedenfalls die ersten zwei Sekunden. Auf dem Weg zurück zum Restaurant, nachdem ich meine Tochter gesäubert und in neue Kleidung gesteckt hatte, dachte ich mir eine Ausrede aus (»das Dirndl war schon kaputt« oder so ähnlich), die aber bis heute nicht restlos überzeugt.

Trotz aller Unwägbarkeiten ist die erste längere Reise mit Baby ein Erlebnis und auch ein irgendwie göttliches Zeichen: Es ist bereit für die große weite Welt. Und Sie sind es auch. Endlich wieder.

Tipp

RICHTIG STORNIEREN!

Falls es hart auf hart kommt und Sie wegen einer Mittelohrentzündung oder Windpocken Ihres Babys den Urlaub kurzfristig absagen müssen:

❯ Schicken Sie an Fluggesellschaften, Reiseveranstalter und Hotels eine E-Mail mit Begründung, eventuell sogar mit einem eingescannten Brief oder Attest vom Kinderarzt, und bitten Sie um eine kostenlose Stornierung beziehungsweise Verschiebung der Reise.

❯ Meistens zeigen sich die Veranstalter erstaunlich kulant, wenn es sich um einen echten Notfall handelt. (Gesegnet und verflucht sei das Internet: Jeder Mensch im Reisebusiness hat Angst vor einem Shitstorm, weil er so herzlos war, der darbenden Jungfamilie nicht entgegenzukommen.)

MEHR **PLATZ**!

Zu den schönsten Erinnerungen meiner Mutter gehört ein Sommerur-
laub zu Beginn der Fünfzigerjahre: Ihre Eltern fuhren mit ihr und ihrer Schwester im VW Käfer von Braunschweig an den Bodensee. Dort
kamen sie in einer Pension unter, und mein Großvater stellte jeden
Morgen den mitgebrachten Tisch und vier Stühle ins knöcheltiefe
Wasser. So frühstückte die Familie mit den Füßen im See. Was mich
an dieser Geschichte immer bewegt hat, war nicht so sehr diese irgendwie anrührende Szenerie, die man sich so wunderbar in harmoni-
scher Fünfzigerjahre-Kulisse vorstellen kann, sondern eher Folgendes:
Wie zum Teufel hatte es mein Großvater geschafft, neben zwei Kleinkindern auch noch einen Klapptisch und vier Klappstühle in einem
VW Käfer unterzubringen?
Meine Großeltern, Weltkriegsüberlebende, hattens einfach drauf. Wir,
die Millenniumseltern, sind schon bei einem Kind mit einem normalen Auto überfordert. Die Ansprüche sind gewachsen, so wie das Zubehör auch: Schon ein handelsüblicher Babysitz, der alle aktuellen Si-
cherheitsstandards übererfüllt, würde in keinen VW Käfer oder Opel
Rekord mehr passen.

Adieu, Cabrio!

Ja, schade um den Traumwagen: Glauben Sie nicht, dass Ihr automobi-
les Leben vom neuen Leben zu dritt unberührt bliebe. Sportliche
Zweisitzer, ob sie nun Roadster, Boxster oder Speedster heißen, können Sie sich abschminken – darauf sind Sie sicher schon selbst gekommen. Aber auch normal große Autos sind der heutigen Eltern- und
Kind-Ausrüstung kaum gewachsen. Sie können sich vielleicht noch
gar nicht vorstellen, wie unfassbar klobig auch die elegantesten, teuers-
ten Kinderwagen selbst im zusammengeklappten Zustand sind. Daher

mein erster Rat: Denken Sie dringend über einen Kombi, Van oder Bus nach. Die gibt es inzwischen formschön, ausreichend motorisiert und von jeder Automarke. Damit sind Sie dank des Stauraums im Heck vielerlei Sorgen los. Sie brauchen den Platz übrigens nicht nur für den Kinderwagen, sondern auch für Ihre Einkäufe. Sie ahnen vielleicht noch nicht, wie viel Platz ein Wochenvorrat Windeln wegnehmen kann.

Nicht ohne Feuchttücher!

Damit ist es aber noch nicht getan, um das Auto babykompatibel zu gestalten. Die Babyschale und deren Platzierung ist eine Wissenschaft für sich, lassen Sie sich ausführlich beraten. Ganz wichtig ist, dass der Beifahrerairbag ausgeschaltet wird, wenn die Schale auf dem Beifahrersitz platziert wird. Füllen Sie die Ablagen Ihres Autos mit Feuchttüchern auf, Sie werden sie zu allen möglichen Malheurs gebrauchen können. Bald werden noch allerlei Kleinigkeiten hinzukommen, etwa Schnuller, Fläschchen, Beißringe, Spielklötze, Märchen-CDs und Kuscheltiere. Auch Spucktüten sind ein empfehlenswertes Extra-Feature für Ihren personalisierten Baby-Wagen. Falls Sie sich ein neues Auto anschaffen, sollten Sie durchaus darauf achten, wie aufnahmefähig Handschuhfach und Türablagen sind, gerade bei gehobenen deutschen Modellen herrscht dort erstaunlicher Mangel. Ein Platz für die Wasserflasche, in der man auch bequem das Fläschchen fürs Baby deponieren kann, sucht man tatsächlich in manchen teuren Modellen vergeblich. Und falls Sie ein Autofetischist sind, müssen Sie jetzt ganz stark sein: Ihr Auto wird permanent dreckig und zugemüllt sein. Das ist überhaupt nicht zu verhindern, es sei denn, Sie arbeiten nur noch halbtags und kümmern sich den Rest der Zeit um die Instandsetzung des Fonds. Doch im Kampf gegen Krümel, Flecken und allgemeines Chaos ziehen Sie auf Dauer den Kürzeren.

DIE SCHLECHTESTE IDEE ÜBERHAUPT

Irgendwann ist es soweit: Sie wollen nicht nur mit dem Kinderwagen im Park Ihre monotonen Kreise drehen, sondern endlich wieder am echten Leben teilhaben. Und was wäre dazu besser geeignet als der erste gemeinsame Restaurantbesuch zu dritt? Das Baby im Wagen, Schnuller, Fläschchen, Windeln und Feuchttücher griffbereit in der Ablage – was soll schon groß passieren?

Mein Tipp: Tun Sie's nicht.

Und wenn Sie es doch unbedingt tun wollen, dann sollten Sie vorher das fragliche Restaurant auskundschaften wie ein Beamter der Spurensicherung. Selbst wenn Sie vor der Geburt Ihres Babys Stammgast waren – schauen Sie trotzdem noch mal vorbei und betrachten Sie es nun mit den Augen eines Vaters:

- Passt der Kinderwagen durch die Tür?
- Kommt man an den engen Tischen vorbei?
- Auch wenn überall Personen sitzen und den Raum noch mehr einnehmen?
- Gibt es nah am Tisch überhaupt Platz für einen Wagen oder schneidet man damit die Hälfte der Tische vom Lebensmittelfluss aus der Küche ab?
- Ist die Toilette gut zugänglich und gibt es irgendwo dort einen Wickeltisch?
- Kann man mit dem Kinderwagen im Falle eines Falles schnell mal raus und eine Runde um den Block drehen oder liegt das Restaurant an einer vierspurigen Einfallstraße, so dass an Babyschlaf nicht zu denken ist? (Ja, Babys sind einigermaßen lärmresistent. Aber bei einer Hupe oder einem quietschenden LKW-Reifen versagen auch die tapfersten Tiefschläfer.)

Sie sehen schon: So gut ist Ihre Idee vielleicht doch nicht.

- Dennoch: Sie haben im Vorfeld alles getan, und das große Essen kann beginnen. Wenn Sie das Restaurant betreten, werden Ihnen einige Gäste zulächeln, andere dagegen entsetzt schauen und sich grässliche Geräuschkulissen vorstellen – der Abend, glauben die mit den weit aufgerissenen Augen, ist im Eimer. Das ist nicht gesagt, aber die Möglichkeit besteht immerhin. Es ist Ihre Aufgabe, es nicht so weit kommen zu lassen.

- Tun Sie allen Gästen einen Gefallen: Wenn das Kind schreit, dann nehmen Sie es auf den Arm, um es zu beruhigen. Wenn es immer noch schreit, hilft nur die Runde mit dem Kinderwagen. Es regnet in Strömen, und ans Rausgehen ist nicht zu denken? Glückwunsch: Jetzt ist der Abend wirklich im Eimer. Und zwar für alle Beteiligten.

Ein Hoch auf den Lieferservice!

Immer wieder beobachte ich in Restaurants Folgendes: Der soziale Druck von den Nebentischen wirkt wie ein Brennglas, das kleine Zwistigkeiten erst recht befeuert. Da wird gezischelt und gestichelt: »Du bist dran!« »Nein, du!« »Siehst du nicht, dass mein Essen gerade gekommen ist?« Das ist nicht schön. Ersparen Sie sich in den ersten Monaten diesen Stress. Wenn Sie sich verwöhnen lassen wollen: Es gibt ganz hervorragende Bringdienste.

In Italien bin ich einigermaßen fein raus, da Babys im Restaurant generell eher akzeptiert werden (das Schreien will trotzdem niemand hören) und man ausschließlich in der Großfamilie essen geht. Das ist auch verflixt nötig, denn Sie kennen ja die engen italienischen Restauranttoiletten. Das Windelnwechseln im Restaurant erinnert mich immer an den Reifenwechsel bei der Scuderia Ferrari in der Formel 1. Da werden die Kleinen von sechs Händen (Mama, Papa, Schwiegermutter) stehend und mit geschickten Handgriffen in Nullkommanichts gesäubert. Ein Spektakel.

NEUES TERRAIN: DER SPIELPLATZ

Sie unternehmen keine Himalaya-Expedition. Sie gehen nur ein paar Schritte um den Häuserblock zum Spielplatz. Keine Panik.
Auch wenn Sie die anderen Mamis und Fürsorgepapis sehen, die ausgerüstet sind wie einst Heinrich Harrer.

- Eine Windel, Feuchttücher, eventuell eine Kinderhose zum Wechseln – und eigenes Sandspielzeug. Damit sind Sie für den Ausflug top vorbereitet.
- Dann noch etwas zu trinken und ein paar Snacks, und der Nachmittag ist geritzt.
- Lassen Sie sich nicht verrückt machen, weder durch Ihre Frau noch durch all die Mütter (und wenigen Väter), die Sie dort treffen und die immer irgendwie besser ausgestattet zu sein scheinen.

Vorab eine Warnung: Als ich klein war, bestanden Kinderspielplätze aus einem Sandkasten. Meine früheste Kindheitserinnerung ist, dass ich darin eine Sandburg baute und sie per Fingerarbeit mit Löchern versah. Man erzählte mir, ich hätte ganze Nachmittage in diesem Sandkasten verbracht.

Heute ist jeder Spielplatz mit einer gewaltigen Holzburg und großem Piratenschiff ausgestattet, unser Stammspielplatz wartet sogar mit einer völlig wahnsinnigen Konstruktion einer komplett geschlossenen, zehn Meter langen und verwundenen Rutsche auf, die von außen als zweiköpfiger Drache bemalt ist. Das wird dann interessant, wenn die Kinder spätestens im Kindergartenalter sind und sorgt (bei Ihnen!) für eine deutlich erhöhte Pulsfrequenz. In den einen Kopf steigen die Kleinen rein, aus dem anderen Kopf kommen sie raus geschossen. Was sie mittendrin erleben, weiß kein Mensch, denn für Erwachsene ist das dünne Rohr zu klein. Wenn mittendrin was passiert, dann weiß ich auch nicht, wie man die Kleinen da wieder rausbekommt. Hochdruckreiniger? Schweißer von der Feuerwehr?

Seien Sie wachsam!

Der natürliche Feind besorgter Väter ist auf den meisten Spielplätzen allerdings die Burg, eine mehrstöckige Konstruktion mit wackliger Brücke, Netzen, Türmen und Ringen. Und obwohl ich Ihnen immer gern den Rat gebe, generell auszuspannen, so kann ich Sie in dieser bizarren Indiana-Jones-Kulisse nur dazu auffordern, äußerst wachsam zu sein und mit stets zugriffsbereiten Armen in unmittelbarer Nähe der Kleinkletterer zu stehen. Sie können aber auch versuchen, auf der Parkbank zu bleiben und Zeitung zu lesen (siehe unten).

Dafür bleibt Ihnen am gigantomanischen Klettergebilde immerhin der Mami-Talk erspart. Der Kinderspielplatz ist ein noch viel zu wenig beachtetes Biotop der Kommunikationsforschung: Da gibt es die Mütter, die permanent ein Auge auf ihren Nachwuchs sowie das gesamte Spielplatz-Umfeld haben und so tolle Sätze sagen, wie: »Paul (geschätzt ca. 18 Monate alt), bitte hau dem anderen Jungen nicht noch mal mit der Schippe auf den Kopf, das haben wir doch vorhin besprochen.« Und: »Ist das Ihr Kind, das da schon seit acht Minuten schaukelt?« Und ganz wichtig: »Die Reiswaffeln von XY sind ja außerdem aus fair gehandeltem Mais mit polyethylenfreier Verpackung.« Ein weiterer Beitrag zur kulinarischen Geschmacksverarmung im Übrigen … Neben diesen politisch und ökologisch korrekten Prenzlauer-Berg- (und wie sie jenseits von Berlin heißen mögen) -Müttern und -Vätern, die ihre Sprösslinge schon als Anderthalbjährige in Chinesisch-Kurse, zum Kinderyoga, an die Baby-Uni und wie die verschiedenen Angebote zur Frühestförderung alle heißen mögen, schicken, gibt es natürlich noch die anderen. Das sind dann die Mütter und Väter, die es eher gelassen nehmen und ihre Kinder gerne auch mal für eine halbe Stunde vergessen bei einer gepflegten Zeitungslektüre. Deren Kinder sind meistens ein wenig verdreckter als die anderen, bisweilen leicht verletzt, dafür aber stolz wie Bolle, rotbackig und sehr glücklich.

Tipp

DOS AND DON'TS AUF DEM SPIELPLATZ

Damit der Aufenthalt auf dem Spielplatz halbwegs entspannt bleibt, hier die wichtigsten Regeln:

❯ **Anstellen, warten, drankommen:** An Bagger, Rutsche und Co. könnten die Kleinen ja rein theoretisch schon mal üben, wie zivilisiertes Nicht-Vordrängeln geht. Das funktioniert natürlich noch überhaupt nicht. Bieten Sie dem bloß nicht Einhalt, indem Sie Ihrem Kind Vortritt verschaffen. Lieber so: »Schau mal, die anderen Kinder wollen auch schaukeln.«

❯ **Das Lieblingsspielgerät freigeben:** Tja, sitzt Ihr Kind (oder ein anderes) erstmal auf der Schaukel, dem Bagger oder auf dem Karussell, wird es da erstmal bleiben. Versuchen Sie es mit der Empfehlung: »Die Schaukel gehört allen Kindern und sie dürfen auch da rauf.«

❯ **Umgang mit Mini-Schlägern:** Es gibt sie – vielleicht gehört Ihr Racker eines Tages auch dazu. Manche Kinder haben viel Spaß daran, andere mit Sand zu beschmeißen, ihnen die Schaufel um die Ohren zu hauen oder sie zu schubsen und dergleichen. Sollten Sie der Meinung sein, dass die Kleinen das mal schön untereinander ausmachen sollen: Das geht gar nicht! Also: Als erstes das weinende Kind trösten und dem anderen – auch wenn es Ihres ist – klarmachen, dass es dem anderen wehgetan hat und dass Sie nicht wollen, dass es damit weitermacht.

❯ **Teilen oder Herrschen:** Meistens gibt es irgendwann Streit um den blauen Eimer, den gelben Bagger oder die rote Schaufel, weil sie größer ist als. Das kann zu üblen Streits führen. Aber was nicht hilft: Ihr Kind zu zwingen, es soll gefälligst seine Sachen abgeben oder teilen. Es soll darüber selbst entscheiden, schließlich handelt es sich um sein Spielzeug. Sie können ihm aber auch erklären, dass Teilen durchaus seine Vorteile hat. Denn wer dem anderen mal seine Schippe ausleiht, bekommt dafür vielleicht den begehrten Laster.

WERFEN, RAUFEN, RUDELBILDUNG

Die gute Nachricht: Die Natur hat auch für uns Väter eine entscheidende Rolle in der Erziehung der Kinder vorgesehen. Diese schlichte Wahrheit war noch vor ein, zwei Generationen ein völlig abwegiger Gedanke. Inzwischen spielen nach einer neuen Studie 65 Prozent der Männer regelmäßig mit ihren Kindern und am Wochenende sogar mehr als die Mütter. Und selbst in Italien, wo die Rollen noch deutlich traditioneller verteilt sind, spielen inzwischen 35 Prozent der Kinder *täglich* mit ihrem Vater. Männer spielen mit Kindern anders als Frauen, und Väter spielen mit Kindern anders als Mütter. Männer raufen, toben und tollen, und dieses körperbetonte Spielen gibt Kindern viel Selbstsicherheit. Es geht wild und rau zu, die Kinder lernen ihre Grenzen kennen. Väter erfinden fantasiereiche Rollenspiele von Rittern und Burgfräuleins oder Cowboys und Indianern und basteln auch mehr, von der Modelleisenbahn bis zur Carrera-Rennstrecke. Mütter spielen eher zurückhaltend, aufpassend und besorgt, während Väter munter mitmischen – wir Männer sind halt selbst noch Kinder, bloß in groß. Was wie ein Klischee klingt, ist in mehreren Studien zweifelsfrei belegt: Gemeinsames Baumhausbauen und Heimwerken ist genauso förderlich wie Vorlesen und Brettspiele. Psychologen haben die eklatanten Unterschiede zwischen Vätern und Müttern beim Babyschwimmen beobachtet: Mütter gehen eher beruhigend mit ihrem Nachwuchs um, Väter deutlich fordernder und stimulierender. Auch in der späteren Entwicklung machen diese unterschiedlichen Spielstile das Kinderleben erst interessant und abwechslungsreich. »Väter sind häufig dynamischer und rasanter als Mütter. Sie spielen verwegene, wilde, abenteuerliche und herausfordernde Spiele, die oftmals komplex sind und viel Einsatz, insbesondere auch körperlich, erfordern«, fasst es der Kulturpädagoge Uli Geißler zusammen. Ganz bewusst seien Väter mit ihren Kindern oft allein unterwegs, weil die Mütter aus Angst den Spieltrieb bremsen. Typischer Satz:

»Versteck dich nur dort, wo ich dich noch sehen kann!« Die Mailänder Psychologin Francesca Antonacci nennt ein weiteres Beispiel: Die Mütter mahnen, die Kinder mögen langsam und vorsichtig radeln – und die Väter sind diejenigen, die die Stützräder abschrauben. Mag es auch bis zu den ersten Fahrradversuchen ein paar Jahre hin sein, haben Experten eine weitere interessante Beobachtung gemacht: Väter genießen selbstvergessen den Augenblick, während Mütter den Kindern immer etwas beibringen wollen. Das Fazit: Wenn Väter an der Erziehung großen Anteil nehmen, werden die Kinder mutiger und selbstbewusster. Außerdem: Väter haben eine enorme Vorbildfunktion für Ihre Kinder, wie viele Befragungen belegen: Jungen wollen so werden wie der Vater, Mädchen himmeln den Vater als eine Art Superheld an, der auch so unlösbare Probleme wie die Öffnung des Marmeladenglases zu lösen vermag. Erweisen Sie sich dieser neuen Verantwortung als würdig.

Meine Töchter glaubten lange, ich sei der größte und stärkste Mann der Welt – wie hätte ich so herzlos sein können, ihnen diese Illusion zu nehmen?

Noch ein interessanter Grund, warum Väter wilder mit ihren Kindern spielen, ist allerdings nicht sehr schmeichelhaft für uns: Wir tendieren zur Ungeduld. »Väter können in der Regel mit älteren Kindern mehr anfangen. Sie sind deshalb an einer rascheren Entwicklung interessiert und muten einem Dreijährigen auch mal eine Herausforderung zu, die einem Vierjährigen feuchte Hände bereiten würde«, erklärt die Entwicklungspsychologin Inge Seiffge-Krenke. Bei Müttern hat sie ein gegenteiliges Phänomen beobachtet. »Mütter lieben die besonders innige Zeit der ersten Lebensjahre ihres Kindes.

...UND DANN KOMMT NUMMER 2

Irgendwann wird Sie die große Rührung treffen. Sie betrachten Ihr Kind und stellen fest: Es kann gefahrlos laufen, ohne sich ständig die Knie aufzuschürfen oder den Kopf zu stoßen. Es kann einigermaßen flüssig reden, ja, beinahe kann man sich mit ihm unterhalten. Es kann sagen, wo etwas wehtut – oder zumindest auf den wunden Punkt zeigen. Vielleicht sagt es beim Abendessen sogar das magische Wort »lecker« zu Ihren Spaghetti à la Papa. Und wenn es müde ist, schläft es einfach, ohne dass Sie eine große Schau abziehen müssen. Ihr Kind ist ein richtiger kleiner Mensch geworden. Und diese ganz unvermittelte Erkenntnis durchströmt Sie mit einem warmen Gefühl von Stolz und Zufriedenheit. Ihre Augen werden feucht, Sie bekommen eine Gänsehaut. Dieser kleine Mensch ist (auch) Ihr Werk, und vielleicht haben Sie nie etwas Wunderbareres vollbracht! Selbst Ihre formidable Marktanalyse neulich über die neu zu erschließenden Absatzmärkte für Kreuzschrauben in Thüringen und Sachsen-Anhalt, nach der Ihnen sogar der Chef auf die Schulter geklopft hat, reicht an dieses sonnige Gefühl nicht heran. All die Mühen und Sorgen, die schlaflosen Nächte, die hektischen Fahrten zum Kinderarzt, die Panikattacken – Sie wissen, dass dies ein für alle Mal der Vergangenheit angehört. Ihr Leben geht einen geregelten Gang, und Sie sind ein echter Glückspilz. Genießen Sie diesen Moment. Denn sehr oft wird dieser magische Bewusstseinszustand noch beinahe im selben Augenblick komplett zerstört. Ihre Partnerin schaut Ihnen am Abend tief in die Augen und sagt:

»Schatz, ich bin wieder schwanger.«

Bücher und Adressen, die weiterhelfen

Bücher aus dem GRÄFE UND UNZER VERLAG

Gerlach, Hans: *Kochen – so einfach geht's*

von Cramm, Dagmar / Eberhard, Dr. Schmidt: *Unser Baby. Das erste Jahr*

Klug, Susanne: *Die neue Babyernährung*

Nase, Dr. Jörg/Nase, Beate: *Kinderkrankheiten*

Nitsch, Cornelia: *Vornamen – von beliebt bis ausgefallen*

Nolte, Dr. med. Stephan Heinrich/Nolden, Annette: *Das große Buch für Babys erstes Jahr*

Renz-Polster, Herbert/Imlau, Nora: *Schlaf gut, Baby!*

Richter, Robert/Schäfer, Eberhard: *Das Papa-Handbuch*

Voormann, Christine/Dandekar, Dr. med. Govin: *Babymassage*

Bücher aus anderen Verlagen

Gillies, Constantin: *Wickelpedia*, Ullstein

Borgenicht, Louis et al.: *Baby-Betriebsanleitung: Inbetriebnahme, Wartung und Instandhaltung*, Mosaik

Maiwald, Stefan: *Spitzenkoch in sieben Tagen*, dtv

Marriott, Susannah: *Mamis Superfood. Die beste Ernährung in der Schwangerschaft*, Kösel

Stern, Loretta/Nagy, Eva: *Einmal breifrei, bitte! Die etwas andere Beikost*, Kösel

Adressen und Internetlinks

Wenn Sie Ihre Fragen in obskuren Internet-Foren stellen, werden sie dann von kompetenten Usern wie SexgottMaier1973 beantwortet. Das ist genau so sinnvoll wie Krankheitssymptome zu googeln. Lassen Sie die Finger davon. Schließlich existieren ein paar nützliche Adressen und/oder Webseiten für werdende, junge und/oder verzweifelte Väter. Nicht immer lassen sich auf diesen Seiten esoterische Ratschläge vermeiden, vor allem nicht in den offenen Foren, aber Sie werden schon das Nützliche vom Bizarren zu trennen wissen.

Die Bundeszentrale für gesundheitliche Aufklärung gibt Tipps für Männer unter:
www.familienplanung.de/wissenswertes-fuer-maenner

Tipps zur Hebammensuche und auch rund ums Elternwerden unter:
www.hebammenverband.de und www.bfhd.de

Eine Fülle an Informationen zu der Zeit vor, während und nach der Geburt gibt es unter:
www.geburtskanal.de

Wollen Sie Geburtsvorbereitungskurse besuchen? Wirklich? Willkommen bei:
www.gfg-bv.de

Eine Aufstellung von Geburtshäusern in Deutschland finden Sie unter:
www.netzwerk-geburtshaeuser.de

Informationen und Broschüren zu den Themen Schwangerschaft, Geburt und Babyzeit erhalten Sie bei der Bundeszentrale für gesundheitliche Aufklärung unter:
www.bzga.de

Großes Forum, aktuelle Nachrichten rund um Eltern und Kinder:
www.familienhandbuch.de

Wenn Sie PEKiP wirklich durchziehen wollen, bitteschön:
www.pekip.de

*Seriöser Wegweiser des Bundes-
familienministeriums, auch für
die Vereinbarkeit von Kind und
Karriere:*
www.familien-wegweiser.de

*Die Gewerkschaft Ver.di widmet
sich ebenfalls dem Thema Baby
und Beruf in der Online-Broschüre
»Männer bei der Arbeit«:*
www.familie.dgb.de/angebote/
broschueren

*Sie sind Unternehmer? Dann
schauen Sie hier vorbei:*
www.mittelstand-und-familie.de

*Babys Erstausstattung – hilfreiche
Testberichte:*
www.oekotest.de
www.test.de *(Website der Stiftung
Warentest)*

*Das richtige Auto für die
Kleinfamilie?*
www.familienautos.net

Gesellschaft zur Förderung der
seelischen Gesundheit in der frü-
hen Kindheit (GAIMH):
www.gaimh.org

Trostreich, Interaktives Netzwerk
Schreibabys:
Jutta Riedel-Henck
Schulstraße 10
27446 Deinstedt
www.trostreich.de

*Podcasts über Babys (Wickeln
ohne Stress, Baby beruhigen, Baby
baden, Einschlaf-Hilfen)* unter
www.babycenter.de

Register

Die Rezepte

Die werden Sie auch lieben.

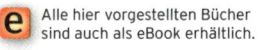

Projektleitung: Christine Kluge, Lydia Pechauf
Mitarbeit (Text) & Lektorat: Anna Cavelius
Umschlaggestaltung und Layout: independent Medien-Design, Horst Moser, München
Herstellung: Renate Hutt
Satz: Christopher Hammond
Repro: Repro Ludwig, Zell am See
Druck und Bindung: Dimograf
Illustrationen: Gert Albrecht

ISBN 978-3-8338-3625-1

7. Auflage 2018

WICHTIGER HINWEIS
Die Informationen und Ratschläge in diesem Buch stellen die Meinung bzw. Erfahrung des Verfassers dar. Sie wurden von ihm nach bestem Wissen erstellt und mit größtmöglicher Sorgfalt geprüft. Sie bieten jedoch keinen Ersatz für persönlichen kompetenten medizinischen Rat. Jede Leserin, jeder Leser ist für das eigene Tun und Lassen auch weiterhin selbst verantwortlich. Weder Autor noch Verlag können für eventuelle Nachteile oder Schäden, die aus den im Buch gegebenen praktischen Hinweisen resultieren, eine Haftung übernehmen.

Liebe Leserin, lieber Leser,

haben wir Ihre Erwartungen erfüllt? Sind Sie mit diesem Buch zufrieden? Haben Sie weitere Fragen zu diesem Thema? Wir freuen uns auf Ihre Rückmeldung, auf Lob, Kritik und Anregungen, damit wir für Sie immer besser werden können.

GRÄFE UND UNZER Verlag
Leserservice
Postfach 86 03 13
81630 München
E-Mail:
leserservice@graefe-und-unzer.de

Telefon: 00800 / 72 37 33 33*
Telefax: 00800 / 50 12 05 44*
Mo–Do: 9.00 – 17.00 Uhr
Fr: 9.00 – 16.00 Uhr
(* gebührenfrei in D, A, CH)

Ihr GRÄFE UND UNZER Verlag
Der erste Ratgeberverlag – seit 1722.

Ein Unternehmen der
GANSKE VERLAGSGRUPPE

Die GU-Homepage finden Sie unter www.gu.de

 www.facebook.com/gu.verlag